22

22个

新时代男女的

婚恋观

meilicoco 著

中国言实出版社

图书在版编目（CIP）数据

新时代男女的 22 个婚恋观 / meilicoco 著.
— 北京：中国言实出版社，2011. 11
ISBN 978-7-80250-518-6

Ⅰ. ① 新…

Ⅱ. ① m…

Ⅲ. ① 婚姻问题—研究②恋爱—研究

Ⅳ. ① C913.1

中国版本图书馆 CIP 数据核字（2011）第 212957 号

出版发行 中国言实出版社

地　址：北京市朝阳区北苑路 180 号加利大厦 5 号楼 105 室

邮　编：100101

电　话：64924716（发行部）　64924735（邮　购）

　　　　64924880（总编室）　64963106（五编部）

网　址：www.zgyscbs.cn

E-mail：zgyscbs@263.net

经　销　新华书店

印　刷　北京柯蓝博泰印务有限公司

版　次　2012 年 1 月第 1 版　2012 年 1 月第 1 次印刷

规　格　710 毫米×1000 毫米　1/16　16.25 印张

字　数　200 千字

定　价　29.80 元　　ISBN 978-7-80250-518-6 / C·33

前　言

从 2010 年年初开始，荧屏上迅速刮起了一股"相亲热"，江苏卫视的《非诚勿扰》突破过去传统的交友方式，重点展现男女之间相互选择的过程，比如除了介绍男选手详细的基本资料，还会附上好友评价的 VCR，便于女嘉宾进行侧面了解。另外，加上主持人孟非冷不丁冒出的黑色幽默，成为电视综艺节目的新鲜亮点。一档《非诚勿扰》没有成就多少好姻缘，但是却透露出许多现在年轻人的婚恋观。

这些婚恋观形成的原因要从上个世纪说起。曾经，轰动一时的畅销书《达·芬奇密码》中有一段这样的描述：

提彬说道："根据预言，我们正处在一个发生巨大变化的时代，上一个千禧年刚过去，随之而结束的是占星学上长达两千年的双鱼时代，要知道鱼也是耶稣的象征。正如占星学家所言，双鱼星座的理念是，人类必须由比他们更强大的事物来告诉他们应该做些什么，因为人类自己不会思考。因此，那是一个充斥着强烈宗教信仰的时代。可是现在，我们进入了新时代。而这个时代的理念是，人类会掌握真理，会独立思考。两个时代的观念的转变是如此之大，而这种转变发生就在现在。"这要讲缘份的。

兰登颤抖了一下。他对占星学预言一直不感兴趣，而且也不太相信。但他知道罗马教廷里有些人对此深信不疑。"罗马教廷把这个过渡时期称作'末日'"。

索菲疑惑地问道："你是说新时代即是世界末日吗？像'启示录'吗？"

兰登说道："不是。这是很常见的误解。许多的宗教都会提到'末日'，但那不是指世界的末日，而是指时代——双鱼时代——的终结。要知道，这个双鱼时代是从耶稣降生的那年开始的，历经两千年，在千禧年过后就结束了。现在，我们已进入了新的伟大时代，双鱼时代的末日已经到了。"

……

上个世纪60年代，一群西方的知识分子针对资本主义工业化和现代性对科技与物质的过度重视，为促进人类意识转变、心灵回归与飞跃，掀起了一场新时代运动。它自反文化的嬉皮士运动开始，历经将近50年的迅猛发展，从西欧和北美扩展到世界各地，形成了一场风靡全球的反叛现代性的文化寻根大潮。

我们很难对新时代运动下一个准确的定义。因为它缺乏组织、缺乏体系化的思想，而是以"灵性"、"整合"等观念为依托，融合了东方的宗教系统与西方的知识系统，涵盖了心理学、哲学、科学、音乐、绘画艺术、超能力、通灵、水晶研究、外星人、古文明等领域，其影响所及，从衣食住行到娱乐无所不包，并且还演化为各种"形而上"的社会运动。它的内涵和外延都是模糊的，尽管如此，我们还是可以从这一运动名称的来源探讨其深邃的精神本质。

有人这样评价新时代的社会功能：新时代认识论的最大功绩是解决了文化的多元主义问题。如果每一个人都相信同一个事物，用同一种眼光看世界，那么一个社会就很容易信仰唯一的神；但当人们开始理性思考，淡化依赖性并且强化了个性，人们就会拥有自主的能量，相信通过自己的努力就会实现"心神合一"，而且实现的途径不只一条。

无论如何，当《达·芬奇密码》在国内颇受欢迎之时，或许人们并不知道，作者实际上是通过写一本畅销小说来向人们普及关于新时代的思想。抱有同样意图的还有很多知名著作，比如我们熟悉的《哈利·波特》、《塞来斯廷预言》以及《魔戒》。遗憾的是，一直以来，国内把更多的目光投向了全球化问题和文化冲突论，而忽略了对新时代运动的介绍，以致人们很难从深远的社会背景上对这些作品进行准确的理解和评价，而更多停留在追随时尚和潮流的阶段。

然而，就此我们也就不难理解，为何现在年轻人会高举玄幻小说的大旗，旋风般地将文学演绎在脱离现实的"架空世界"里。玄幻小说是如此的不可思议、超越常规、匪夷所思，它不仅不受自然规律、社会世界理性法则和日常生活规则的制约，甚至可能颠倒了自然界和社会世界的规范。现在年轻人未必知道新时代运动，但是他们是与新时代最早接轨的那一代年轻人，他们只是敏锐地感受到了新的变化（或意识），自觉地接受了其影响，并且听从自己的内心，把这种意识顺其自然地诠释出来而已。

人是环境的产物。从根本上说，新时代运动也是知识分子顺应时代的反思，否则这场运动也不可能盛行于世界各地，并波及到社会文化的各个领域；现代年轻人也是如此。对他们而言，新时代运动的影响更为深远，甚至已经渗透到生命的脉络中，成为他们"与生俱来"的一部分。不是吗？中国的80后是在计划生育国策下伴随着计划经济生长的第一代独生子女群体，他们一出生就赶上了改革开放，并在社会转型和历史巨变中成长起来，他们享受了中国有史以来最优越的物质生活、最多的教育以及由电视和互联网带来的最丰富的资讯。简言之，他们就是中国市场经济社会与"四二一"家庭孵化的"蛋"，也是世界向新时代转化的产物。

无论新时代运动的思想是否为国人所接受，不能否认的是，我们的时代的确正处在一个转折点上。当人们把现代年轻人的思维方式、行为方式和消费方式放大并质疑，这同时也是人们对时代转折的利弊思考。一味把现在年轻人妖魔化是没有意义的，至少现在的年轻人作为一种社会现象，不过是青春成长期和社会转型期的内容折射，或者我们可以这样说：随着新时代的到来，人类意识将会发生改变，现在年轻人的所作所为，正是这种新意识的现实反映。

现在的年轻人是承前启后的一代。他们站在历史的关口，对双鱼时代进行回顾性的概观，也对新时代的发展趋向进行深层次的感悟。他们思想新锐、思维多元、行为开放、个性张扬、敢于冒险、追逐时尚、注重自我；他们更加崇尚独特与自我，有着善于理解另类事务的能力和强烈的颠覆欲望，也擅长展示自己的八卦天赋；他们具有前瞻性和独创性，喜欢追求新的事物和生活方式，决不屑于受到别人的影响而放弃对生活的自主权。

这一切不可避免地撼动了传统的婚恋观念。当新时代的年轻人进入婚恋领域，一系列问题不断涌现，人们不由反问：现在的年轻人怎么了？是整体在倒退，还是婚姻这种概念已经过时了？事实上，现在的年轻人对传统婚恋的冲击正是新时代发展过程的一个缩影，当我们长期认可的婚姻模式开始扮演长者的力量，也就无怪乎它会承担改革所带来的阵痛，一个婚姻关系相对松散的时代已经到来。新时代赋予现在年轻人宽容、叛逆、自私、中性、智慧、八卦、理性的特征，现在的年轻人又顺势把这种特征带入了婚恋。作为在转折期浸染和催化的一代人，现在的年轻人承受着公众毁誉参半的评说，他们在将婚恋引入一个新的方向，但也逃脱不了时代印记的困惑和迷茫。这就是新时代男女的婚恋：优势与缺陷并存，光明与黑暗同在。

本书结合现实社会，把现代年轻人的婚恋观全面、系统地展现给读者，并对这些观念产生的原因进行深入的分析，同时，提出相应的对策和方法，以给准备走进婚姻或已走进婚姻的年轻人提供一些启示。

也许本书对现代男女婚恋的讨论只是窥豹一斑。但可以肯定的是，这些婚恋理念是现时代一个重要标签。我们相信，这些关于现在年轻人婚恋的突出矛盾只是暂时现象，随着社会的帮助和引导，以及现在年轻人对婚恋的自我调整，一个新的、和谐的婚恋体系必将到来，这也是新时代赐予我们的财富。

目录

一、理性与无耐引发的婚恋观

新时代的男女，倾向于用理性思考代替情感主导。这也就不奇怪，现在年轻人虽然是理想主义者，但他们的理想却有流于口号的倾向，而且，他们一旦碰上爱情，就会变得非常实际。理性思考的结果，使浪漫逐渐丧失在现实当中。

二、叛逆与自私引发的婚恋观

"我自己的小宇宙都没有完成，怎么可能去完成大宇宙？"这种"爱自己"的思想也是新时代的重要标签，它伴随着强烈的叛逆色彩，极大地撼动了传统的婚姻观念。而现在年轻人的婚姻，正是上述精神的融合，体现了新时代反习俗和不愿意随声附和的一面。正是这些年些人，不能忍受任何束缚，并且有极强烈的颠覆欲望，却也因此造就了民主的风格。

三、宽容与多样化引发的婚恋观

"不批判、不定罪、不认同"是新时代的一个文明特质。这一时代的人们认为，存在即是合理，任何事情的背后都有其更高层次的机缘。沉浸在这种风气下的年轻人，都是些阴阳怪气的聪明人，他们有着善于理解另类事物的能力，更勇于尝试，并且对任何新事物都不会大惊小怪。

四、智慧与八卦引发的婚恋观

新时代是一个启迪与发展的时代，人们将拥有自我调整心灵力量的"新时代意识"。作为这一时代的先锋派人物，80 后不拘泥于婚姻的形式，家庭关系也相对松散，因为对爱抱有超然的态度，他们愿意为了理想而做出分离。

1

理性与无耐引发的婚恋观

新时代的男女，倾向于用理性思考代替情感主导。这也就不奇怪，现在年轻人虽然是理想主义者，但他们的理想却有流于口号的倾向，而且，他们一旦碰上爱情，就会变得非常实际。理性思考的结果，使浪漫逐渐丧失在现实当中。

婚恋观 1. 把婚姻和"功利"联系起来

在《非诚勿扰》的舞台上，曾有一位女嘉宾说："我宁愿坐在宝马里哭，也不愿意坐在自行车上笑。"这一哭一笑间，真实地反映了当下一些年轻女性的人生观和价值观，是"拜金女"集体形象的生动概括。如今能坐上宝马，谁还稀罕自行车。其实，这位女嘉宾的这一犀利观点，就是《蜗居》中海藻的人生选择。水往低处流，人往高处走，应该说是人之常情，也是最基本规律，谁都希望自己越发展越好，物质条件和社会地位越高越好。这本来是无可厚非的，但是在爱情观上，在选择配偶上，并非对方的条件越高越好，应该以男女双方是否真心相爱为爱情的基础和选择的标准。这既是一种朴素的爱情观，也是最真实的择偶标尺。

然而，在这个物欲横流的今天，古老而纯美的爱情观，已经被无情的现实击得体无完肤。很多年轻人，尤其是女孩子，都非常同意"宝马论"，其实，昂贵的鲜花和珠宝不一定能安慰一个女孩迷茫惶恐的内心。

爱情、事业何处落脚

　　情人节那天，恰好是阿娇25岁的生日。一大早，阿娇刚走进办公室，就收到了男友托快递送来了一束名贵的"蓝色妖姬"，在办公室女孩们艳美的目光下，男友又不失时机地打来电话，约好晚上共进烛光晚餐。

　　男友无疑是浪漫的，当初，他就是靠这份执着的浪漫赢得了阿娇的芳心。阿娇知道，烛光晚餐中，男友还会拿出名牌珠宝作为情人节礼物。前年是一对钻石耳环，去年是一串钻石项链，今年是什么呢？会是一枚钻石戒指吗？

　　其实，礼物是否名贵对阿娇来说都不算什么，或者说，已经不算什么了。对于一个即将度过25岁生日、在异乡已经漂泊了7年的女孩来说，一枚最朴素的求婚戒指就已经足够了！可是，阿娇知道，这恰恰是男友不能给她的。

　　男友是阿娇的大学同班同学，标准的纨绔子弟，天资聪颖却不学无术，毕业后一直没有固定工作，却仗着家势过得比阿娇舒服得多。凭心而论，男友心地不坏，对阿娇一直宠爱呵护有加，类似情人节的这种关键时刻总是把浪漫做足，也算是一个体贴周到的男友。只是，男友选择礼品的费尽心思抵不过那一次次关于婚姻的闪烁其辞，久而久之，阿娇也明白，男友根本就是对浪漫情有独钟，并不打算考虑柴米油盐。

是，男友的家境可以保证阿娇一辈子锦衣玉食，这正是很多女孩梦寐以求的，可是，在婚姻之外，这样的保证未免太乏力了！换言之，即使走进了婚姻，他们能够经受住时间、现实和诱惑的考验吗？这样的男友，外表光鲜，内心空洞，能够与她在如战场的人生中相扶相携吗？

这个生日，再不像往年那样过得无忧无虑。回首毕业这3年，阿娇已经换了三份工作，最近这份工作仍然不是很满意——爱情、事业何处落脚？明明向往高质量的生活，却似乎有心无力；明明相信平淡是真，却陶醉在男友不切实际的温情里。当周围的朋友都在羡慕自己找到"金龟婿"，阿娇内心的疑惑越来越多，一阵隐约的恐慌袭来，阿娇感到自己整个人都飘在云里雾里，浮躁不安。

幼稚园大学生的爱情拍档

必须承认，现在年轻人所处的环境，与上一辈已经大不相同。他们掌握着现代科技知识，擅长运用网络，成长平顺，被称为"早富"的一代；但是，他们又是"贫穷"的一代，没有工作经验、没有明确的职业方向，却梦想成为跨国公司里的高级职员，拿着高薪，享受被人羡慕的目光。在物质的极大丰富中，现在年轻人承受巨大的精神压力，并且被功利主义深深困扰。

现在年轻人面临的诱惑最多，他们的书包却也最重。"大人们为我们创造了飞翔的天空，却忘了给我们飞翔的翅膀！"与翻天覆地的社会变革相比，现在年轻人所受到的教育未免太苍白单一了：应试教育还在以分数论英雄，填鸭式课堂扼杀了独立思考，温室里寂寞而孤独的成长……作家龙应台把这种教育称作幼稚园大学，学生们聪慧、用功、循规蹈矩，却思想贫乏、盲目服从权威，"独立处事的能力，还不到 5 岁"。"我们是一群昏迷的宠物，"现在年轻人无奈地说，"如果我们做错了，那么我们究竟做错了什么？"

现在年轻人既是幸运者，也是不幸者。当他们走出"象牙塔"，准备独立面对社会的时候，当他们需要对自己的未来人生做出选择的时候，工作对他们而言，才像是真正告别青春期，是进入"成人世界"的宣言。实际上，即使教条地与前代人比较，现在年轻人也未必是做得最差的，只是人们爱之愈深，责之愈切，作为社会的接班人，现在年轻人承载了太多的期望，也就难免被求全责备了。于是，现在年轻人的不成熟被放大为盲目自大、缺乏责任，他们的委屈被放大为不能吃苦、叛逆，他们在公众的话语体系中发现自己被妖魔化，他们的困惑非但没有获得解答，反而愈演愈烈，他们建功立业的期待也因此更加急切而浮躁。

现在年轻人无可奈何地浮躁着。浮躁是现在年轻人的集体症候，是他们踏过学校生活迈向社会的关口，也大大影响了他们对婚姻的选择。"我不会幼稚地想要依赖一个男人，但我希望他能做我的好拍档。"阿娇干脆地说，"这个世界变化太快了，我需要一个相对稳定的同盟军，能够在我迷茫脆弱的时候坚定地支持我。"

阿娇无疑说出了很多现在年轻人的心声。对现在年轻人来说，如果没有坚强、独立到可以选择独身作为一辈子的生活方式，走入婚姻就是一种必然。品尝过为人处世的艰难与孤独后，抛开爱情不谈，能够有一位"拍档"在黄昏留一盏灯，生病时煮一锅白粥，委屈时接纳倾诉，失意时寄存软弱，这样的"愉快合作"也不啻为一种大幸福。

婚姻中需要一粒安定

小刚第一次见到阿娇，就知道她失眠得厉害。脸色苍白、神情疲惫，这是失眠的主要特征。"或者，你需要一粒安定？"小刚试探着说。他想，像阿娇这样美丽且清高的女孩，大概都有些忸怩作态，不会愿意承认自己的脆弱。

"嗯，我想也是。"出乎意料，阿娇的回答干脆爽快。这只是一次普通的朋友聚会，阿娇半开玩笑地说："听说你是医生，给我开一瓶安定吧。"确实，那段日子，阿娇陷在感情和事业的圄圄里，已经很久没有睡个好觉了。

第二天，小刚坐了两个小时的车，敲开阿娇的小屋，递给她一个用处方纸包裹的小东西，展开，是一粒安定片。

那天晚上，阿娇乖乖地听从了小刚的话，早早地关上电脑，扔了咖啡和茶，喝了一大杯牛奶，然后和着白开水吞下那一颗药片，书从手中滑落，睡意袭来，她有史以来第一次在12点前陷入了温暖的睡眠。

第二天是一个周末，小刚又"顺路"带来7粒安定，说：

"一天一片，睡眠会自己来找你。"

渐渐地，阿娇的脸色饱满红润起来，工作上也有了起色，而每一个周末，小刚都会准时出现，递给她 7 粒安定。

小刚逗留在阿娇家的时间也越来越长。他不会搞那些浪漫的花样，可是会帮阿娇想办法对付厨房水管里的小飞虫，做一道美味的晚餐，也会在阿娇的工作报告里提几条中肯的意见。阿娇觉得自己像温水里的青蛙，渐渐陷入他的爱河里。

他们的相爱让朋友惊讶不已。其貌不扬的小刚并非多金，不过是一个名不见经传的年轻医生，习惯于接受注目的阿娇怎么会把如水秋波转向他呢？难道仅仅因为几片安定吗？

在大家的嘀嘀咕咕、窃窃私语里，阿娇胸有成竹，坦然自若地在各种含意复杂的目光中穿行。一次旅行回来，她突然发现自己已经很多天没有吃安定，但照样睡得很香。这时候，小刚才说，其实那些药片，除了第一颗是安定，其余的都是维生素C。只不过他用小刀磨去了"VC"又刻上了"安定"，因而她一直都没有发现。

生活不就是这样一些小细节吗，有什么比一个男孩为心爱的女孩刻出 700 多个"安定"更叫人感动呢？昂贵的鲜花和珠宝不能安慰一个女孩惶恐的内心，但廉价的维生素C却能做到。这一切，岂是那些张望着浮华生活的人们所能理解的呢？

解决方案：把婚姻和"功利"联系起来

把婚姻和功利联系起来，很多人会觉得可怕，其实不然，因为所谓"功利"，其实是对幸福生活可能的一种衡量，毕竟，再纯洁美好的爱情缺少了现实的支撑也是难以长久的，对阿娇来说，细小的关怀远比虚幻的甜言蜜语站得住脚。在婚姻中维持恰当的功利心态，反而更容易得到实实在在的幸福。

正像前文我们提到，对于现在年轻人而言，所谓适合婚姻的爱情，实际上是一杯加入了很多非爱情元素的"花式爱情咖啡"。比如，他有稳定的收入吗？他有工作能力吗？他有社交才华吗？他有良好的家庭背景吗？她长得漂亮吗？她有体面的工作吗？她的谈吐如何？她能够做一个贤妻良母吗？等等。抱着建立爱情同盟的目的，现在年轻人清醒地知道自己喜欢什么，选择什么样的人爱，这样的爱，多少混杂着别样的情怀，别样的条件。这种婚姻选择得有条件和目的性，其实质就是婚姻的功利性。

◎寻找有成长空间的潜力股

有人说，选择伴侣就像选择股票，对于准备投资婚姻的年轻人而言，最佳选择就是那些有成长空间的潜力股。相比于那些已经成功的实力股票，这些股票尚在成长之中，价位较低，便于投资，眼下虽然不能获利，但前景可待。

　　这种说法有一定的道理。选择潜力股的关键就是着眼未来，不以当下的成败论英雄，不被表面现象所诱惑。长相、身高之类，纯粹是审美意义上的判断，就像股票的名字，好不好听无关紧要。至于他现在从事何种职业，居于什么样的位置，也仅仅是参考。重要的是才识、胆量、野心之类，这些才是衡量一个人、一个潜力股能否在未来的某个时间点一路飙升的重要指标。

　　然而，要想得到幸福的婚姻，并不是找到升值潜力巨大的伴侣那么简单。问题的关键在于：金钱是衡量幸福的唯一标准吗？如果答案是否定的，那就意味着，幸福的婚姻不仅仅是通过一个前途无量的伴侣就可以获得！毕竟，幸福是一种生活方式，而不是设定好的命运，它不会因为贫穷而看低谁，也不会因为富裕而青睐谁。换句话说，并不是等到赚了"足够"的金钱，你才有享受幸福的权利！真正的幸福，其实就隐藏在那些追逐梦想的过程中，存在于那些精彩的瞬间，存在于每一个让你感觉快乐的时刻。

　　阿娇为什么感觉幸福？是因为她感受到了平凡生活中点滴的快乐：一顿可口的晚餐，几条中肯的建议，无数贴心的呵护，还有守在身边的那个平凡却安定的男孩。阿娇没有把幸福留在那个不知何时才会成真的愿望清单里，而是抓住了那些隐藏在当前的唾手可得的快乐，这些精神的富足，又何尝不是一种获得呢？对阿娇和小刚来说，幸福的婚姻正是来自于现实生活中的精神双赢。所谓幸福的潜力股，不是在将来得到权力和地位的可能，而是一辈子呵护彼此、珍爱对方的可能，更多体现了一个人的品质、个性与责任心，这些可能，将在婚姻生活中细密处呈现，是一种美好生活的日常状态，是言语不能描述、金钱不能替代的！

◎齐心合力赚取精彩的人生

"为什么我们不能建立一种理想的夫妻关系，相互关爱，相互扶持，相互滋养，而是像现在这样每天吵架？"对于把伴侣当拍档的年轻人来说，对于伴侣的要求可能更加苛刻——我已经很努力了，所以你也要努力才行，这样我们才能获得更加幸福的未来！然而，说这句话的年轻人怕是要失望了，因为对方往往跟自己想象的相去甚远："我们结婚的时候，你不是这样的！"

出现这种问题，往往有两种可能，一种是伴侣本身并没有变，说话者本身对伴侣有所误解，认为伴侣应该、而不是已经拥有某些品质，自己也在按这些标准要求对方；另一种是伴侣的确有所变化，比如蜜月期过后，工作开始忙碌，不能再像以前那样承担部分家务，说话者却仍然按照以前的标准要求，把家务留给对方。

按照自己的方式生活，而不考虑对方的需要，甚至苛责对方，恐怕是现在年轻人经常犯的错误。这样的年轻人看似努力建设未来，其实是把责任推给伴侣，似乎只有伴侣体谅了自己，事情才可能向好的方向转化，否则，幸福婚姻就被伴侣拖了后腿。事实上，这种单方面描绘的美好前景只是一种错觉，因为伴侣的需要没有被纳入婚姻规划当中，即使愿望达成，所谓的幸福也只是一个人的幸福，这种幸福，隐藏着另一个人的牺牲，又有什么意义可言呢？

婚姻中的功利心，看似冷酷，实则不然。还是以阿娇和小刚为例，如果阿娇一直习惯了小刚的宠爱，却不肯给小刚任何温存，还在内心认为是理所当然，事情会怎么变化呢？这个家庭将会表面和谐内存隐患：如果小刚厌倦了单方面的付出，阿娇就会开始抱怨；如果小刚又遇到一个愿意给他温存的女子，他们的婚姻就会遭受巨大考验。这些婚姻不幸的暗礁，其实都来源于阿娇一厢情愿的幸福标准。换言之，如果阿娇对小刚的宠爱心存感激，主动回报，事情又会怎样呢？当小刚工作到很晚回家，阿娇做好了饭菜等他；当小刚遭遇挫折，阿娇一改懒散作风，承担起精神责任，照顾小刚的情绪……这些做法则会让小刚心生感动，反过来加倍呵护阿娇。

可见，婚姻中的功利性更多是精神上的"功利"，往往以情感交流的面目出现，适当的功利心，反而有助于双方情感的培养。"祝我们合作愉快！"阿娇对小刚说。生活在市场经济时代的年轻，更愿意把婚姻看成"爱情同盟"，把调整自己、体贴对方当作爱的交换，如果两个人的齐心合力能够赚取更精彩的人生，又有什么不好呢？

婚念观 2. 把爱情当作消除寂寞的幌子

何谓塑料儿童，简单来说就是长期脱离大自然，造成心灵脆弱，成为"塑料儿童"。

台湾作家三毛在《塑料儿童》这篇文章中，描述了一对被电视、可乐、动漫包围的双胞胎侄女和两个对室外游戏、夏夜星空、月光下的山峦毫无兴趣的五六岁的孩子，三毛称其为"塑料儿童"。她认为这些城里长大的孩子已经失去了大自然天赋给人的灵性，已经习惯用物质代言欢乐，无法与自然和谐共存。于是寂寞滋生，不足为奇。我们稍作留意，站在《非诚勿扰》舞上的年轻人，大部分都是 80 后，并且都是家庭条件不错的，他们成长环境何偿不是如此？他们会有把爱情当作消除寂寞的心理吗？请仔细往下看，也许能找到你想要的答案。

"塑料"时代的来临逐渐让孩子们脱离了大自然，他们不会上墙、爬树、捞鱼、摸虾，而是每天上学、补习、学才艺，做完繁重功课后仅有的一点空闲，看看电视和上网玩玩游戏也就不够用了。他们不知道什么是萤火虫，分不清树的种类，从不对大自然的存在感兴趣。

其实，不单儿童被打上了"塑料"的标签，一些"80后"、"90后"年轻人也被称作"塑料人"，现代科技把他们从头到脚都武装了，但交际圈子小，经常泡网吧，进而逃避现实生活。在"被塑化"的时代，年轻人开始无所适从。

寂寞与生俱来的年轻人

在一个温暖的阳光早晨，8岁的小翠睡眼惺忪地醒来，穿上妈妈递过来的衣服和鞋子；来到妈妈挤好牙膏、调好水温的洗刷间旁；吃着妈妈根据营养菜谱精心准备好的早餐；然后坐上爸爸等在门外的小汽车来到了离小区不远的学校。

这是小翠童年里一个很平常的早晨，看起来，小翠的生活并没有"衣来伸手、饭来张口"那么夸张，但用"娇生惯养"这个词汇来形容也并不为过。小翠是第一批看着电视、玩着电脑长大的孩子，她的生活中，有《非凡的公主希瑞》、《丹佛，最后的恐龙》和《花仙子》，也有MSN、QQ和博客。

现在已经25岁的小翠，回忆起童年的时光，他竟然出乎意料地使用了"单调"这个词汇。

"除了卡通、电脑游戏和源源不断的考试，我的童年没有留下什么。"小翠如是说，"我什么都不缺，生活按部就班，这些都是爸爸妈妈早就规划好的，我一直被要求达成他们的目标，但没人关心我的想法，或者，我也不知道自己到底想要什么。"

"每天放学以后，我经常自己一个人待好几个小时，作业做完后看电视。开始还有邻居小朋友一起玩，后来搬了家，房子是更大了，可是朋友却没有了。"没有玩伴的小翠经常一个人趴在窗口，或仰望天空，或对着楼下的马路发呆。与此同时，曾经带给小翠无比开心的学校也不再是她的天堂："无形的升学压力，还有每次都要排名的考试。"

"大学毕业以后，小翠发现曾经那么辛苦考到的学位似乎对自己没有什么帮助，因为我的工作是爸爸早就安排好的。"

"公司里年轻人很多，经常一起出去玩，可是每次疯玩之后，大家都感觉活得很迷茫。"小翠说自己不喜欢一个人待着，因为"太寂寞了，觉得害怕"。

2009年底，小翠跟相处两年的男朋友赵华举行了婚礼。"有一个自己的家，心里安定多了，至少不会那么孤单了。"小翠这样想道。

塑料儿童的恋爱态度

对于现在的年轻人，也许我们很难体会他们灿烂缤纷的世界背后隐藏的寂寞和迷茫，因为我们没有生在这一代：一出生就遇上了市场经济，一长大就明白了国际化，一交流就用上了互联网的新时代里。

在这些年轻人的童年里，心灵的需求只是一个遥不可及，同时也不被关心的模糊概念，特别是父母比较忙的家庭。他们就这样一头钻进毫无情感可言的市场经济法则中，以史无前例锻造工具的方式迅速成长，因为步履匆匆，他们甚至还来不及长大就宣称自己已经白发苍苍。

这就使得寂寞是现在年轻人作为人类不可避免的属性，是他们对于被工具化无可奈何的抗衡。爱情则是寂寞的科技时代一道神奇的极光。正因为如此，现在年轻人比之前的任何一代人都向往爱情，都渴望爱情能够凭借强大的非理性力量，重现失落在他们生命中的温情。婚姻也就顺理成章地被纳入了理想的范畴。

然而，当爱情被寄予太多的期望，失望也就接踵而来。也许现在年轻人对爱情的质疑也要多于之前的任何一代人。如果爱情不可信，现在年轻人便不再强调爱情中双方的责任，期待过程而不考虑后果，甚至干脆宣称"与爱情无关，与寂寞有染"，把爱情当作消除寂寞的幌子。

事实上，这种无所谓的态度并不能掩盖现在年轻人对爱情和婚姻的期待。爱情和婚姻并不是现在年轻人在寂寞时随口捏造的谎言，而是他们生命中不能承受、无法言说的重。当现在年轻人带着爱情走入婚姻，他们无比渴望能够因此实现关于幸福的理想，甚全不愿意为了理想而在不完美的婚姻中苟延残喘。

无论如何，对于很多年轻人来说，寂寞的确是促使他们追求爱情的始作俑者。在爱情的附属品中，寂寞所占的分量远远超过以前，成为现在年轻人非同寻常的理由。

婚姻真的可以医治寂寞吗?

听说小翠要装修新居,很多有经验的朋友都说:"遇事要好好商量! 当时我们就经常因为意见不合,吵得很厉害!"

小翠想,赵华是个好脾气的男孩,彼此也很尊重对方的意见,应该不会产生太多争执吧! 可是,事情的发展出乎小翠的意料。

"赵华,我在家居市场,你过来一下好吗? 我们挑一款木地板。"

"亲爱的,我比较忙,你自己决定就行了。"

"现在是午饭时间,再说,我看了几款都不错……"这几款木地板是小翠几乎跑遍所有家居市场挑选的。

"你不是很有主见吗?"小翠感觉赵华在电话那边皱起了眉头,"你知道我不难将就。"

然后,赵华又安慰小翠:"只要你喜欢的,我都喜欢!"

过了几天,赵华问:"我们什么时候装修完毕?"

"最快下个月。"小翠说。

赵华算了算日子,催促小翠:"我们的房租交到下个月,要抓紧哦!"

小翠哭笑不得:"喂,这个家也是你的!"

"你知道我工作忙,没有时间,而你正好在休假。"赵华理直气壮地说。

　　小翠想不明白，怎么丈夫一开口，自己就变成没理了呢？自己在烈日下的奔波就这么理所当然吗？小翠觉得自己孤立无援，一股巨大的寂寞像潮水一样涌上心头。

　　其实，小翠知道赵华很忙，她已经主动包下了装修的大部分事务，但是在一些关键问题上，比如设计图纸、装饰色彩等方面，小翠还是认为应该由两个人共同做决定。毕竟，夫妻就应该有商有量，更何况，这是在打造两人共有的小家庭！可是，为什么每次提到这些事，赵华都会表现得心不在焉？他不关心这个家吗？唯一的一次，他"陪"小翠买沙发，也因为"头疼"半途而归！小翠甚至希望他们也能跟其他夫妻一样为选择一个浴缸而争执不休，至少这说明，他们都在为了自己的家而尽心尽力！

　　那么，赵华又有什么委屈要申诉呢？"我这么辛苦地工作，也是为了这个家啊！"赵华说，"我的工作是一个细致活，需要很用心，如果因为装修而丢了工作，房子的按揭拿什么来付呢？我总不能把这份责任推给小翠吧。"赵华还抱怨："小翠是个很有主见、也很有品位的女孩，对装修的要求很高，我就算提出意见，她也有很多反驳的理由，我何不一切由她来做主呢！"赵华觉得，现在自己也没有多少积蓄，装修简简单单的就行了，可是他没有想到，最基础的装修也要费很大功夫！看着小翠这么劳累，赵华很心疼，可是他的工作也不是那么轻松。赵华的工作报酬虽高，但强度也很大，但是赵华觉得，为了小翠，这一切都是值得的。面对小翠的责问，赵华没有过多解释，他并不想让自己的烦恼干扰小翠的心情，小翠已经很累了，何必要她再为自己担心呢？在重重的压力下，赵华日益沉默，他深爱着小翠，却倍觉孤单。

解决方案：把你的心事讲出来

在婚姻中寻求温暖和支持却不可得，以及由爱而生的落寞，这些都是现在年轻人经常遇到的问题。寂寞不可怕，但结了婚还照样寂寞，婚姻的意义还剩下多少呢？那些飘忽而至、叫人防不胜防的寂寞感觉，无异于当头棒喝，粉碎了婚姻新鲜人的梦想。

伤心的新时代年轻男女并没有意识到，问题的关键在自己身上。正是自己身上的"工具习性"，阻碍了他们在婚姻中实现幸福的脚步。

◎和谐的关系来自配合而非求同

与这个世界保持距离是现在年轻人最明显的特质。他们选择自助银行，等到服装店老板发短信再去买衣服，痛恨人际关系，固执地守着一个人的世界，永远觉得别人不可能了解自己。正是这种小心翼翼的孤独和自我保护使得这些年轻人在婚姻中也很难释放自己。一不小心，他们就会"驾轻就熟"地把对方排斥在自己的世界以外，虽然这并不是他们的初衷。

现在年轻人毫无例外地宣称需要自己的空间，事实上，对于空间的概念，新时代的男孩和女孩有不同的认识。具体而言，男孩更注重外在空间，他们不愿意受到婚姻的束缚，对方形影相随的亲密会让他们透不过气来。"爱情就像沙漏一样，握得越紧漏得越多"，这句话更像是男孩的写照。对女孩来说，情况还要复杂一些。年轻的丈夫们可能不知道，妻子的亲密要求其实来源于她内心深处的不安全感。妻子们是矛盾的。她们为了摆脱内心的恐惧，紧紧地向对方靠拢，然而越靠拢越迷失，越找不到自我。如果说男孩的空间表现为形式，女孩的空间则深藏在她们内心。如果女孩的内心有富足的空间，她们对伴侣的要求也会相应宽松。

来自性别的认识差异使现在年轻伴侣们误会重重。他们需要认识到，和谐的关系来自配合而非求同。婚姻的内在和谐更为重要。对于妻子们来说，想要保留自己的空间这是没问题的。但要随时提醒自己，无论何时都应该拥有自己的理想，而不是把对支持的诉求完全放在丈夫身上。丈夫们也不妨考虑给妻子多一些关心，婚姻不是枷锁，也不是安全阀，如果你真的爱她，何妨再多一点点耐心呢？呵护安慰她的时候，对自己说："再坚持一下！"就会收到意想不到的效果。另一方面，那些费尽心思想要使双方保持一致的夫妻可能要失望了，因为完全的一致不但难以达成，还会限制婚姻的发展——不要试图向别人表达："看，我们俩总是一样的！"何必把婚姻演化成表演呢？婚姻的舒畅与合拍才是最重要的。

◎把你的心事讲出来

当俩人出现矛盾的时候，女孩会追着男孩责问："你为什么不说话？为什么不解释？"男孩们沉默良久，被逼到无奈时才蹦出一句："我以为你……"毫无疑问，男孩的"我以为"并不是女孩想要的，而恰恰与女孩的潜台词"你应该"背道而驰。

在这种情况下，争吵将继续表现为女孩不屈不挠的埋怨或生闷气，男孩则一肚子委屈。这与现在年轻人的自我性格有很大的关系，他们习惯了"我就喜欢"，奈何对方与己相左，这是不是不能化解的矛盾？

看来，现在年轻人尤其要建立一个"争端解决机制"，那就是：把你的心事讲出来。可能人们首先会要求女孩：不要总是叫对方猜，男孩是很"笨"的，你不说，他怎么知道你在想什么呢？换言之，如果他是总能猜到女孩想法的男孩，你放心吗？其实男孩也有需要改进的地方——你为什么肯定自己的猜测符合对方的要求？你为什么不说出来？这样即使错了，也有"改错"的机会！要知道，采用回避作为变相的对抗，只会让问题变得复杂！

特别对于这些对独立性要求很高的新人类，看法不同再正常不过，如果因此而争吵不断，自然是很伤神的事。明明相爱，为什么总是争吵？为什么一个人会孤单，两个人还是寂寞？出现这些问题的年轻伴侣，显然缺乏真正的心灵交融。现在年轻人需要学会与对方分享彼此在生活中的感受，以开放的态度对待婚姻，把伴侣当成朋友，而不是出气筒。

把心事讲出来，不仅仅适用于夫妻，也适用于未婚的情侣。这并不是让你们放弃私人空间，而是一种在爱情里得到支持的技巧。

婚恋观 3. 将婚姻纳入爱情旅行轨道

城市正在越来越大，人们正在越来越孤单，这是个孤单的年代。生在这个时代，你是不是发现：越工作越孤单；越投入越孤单。在找寻爱情和婚姻的旅途上游荡，仿佛坚强但内心彷徨；在繁华的都市和人群一再擦肩而过，仿佛拥挤但最终落单。现在大龄的单身男女正在越来越多，他们在空旷而巨大的城市里独自坚持，面临共同的困扰——在这充满欲望和诱惑的都市里，真正的爱情和归宿究竟在哪里？也许此时带着抹不掉的爱情旅行是最好的选择。

爱情马拉松

小琳从 15 岁开始恋爱，到现在，她的爱情马拉松已经跑了整整 10 年。

"他比我大两岁，一般长相，可是学习成绩很好，很沉稳。我认识他的时候，他在读重点高中，而我却是一个成绩很一般的初中生。"小琳如是说。

为了追上男友的脚步，小琳拼命地学习，出乎任何人的意料，她考上了重点高中和大学。遗憾的是，男友在北京读大学，而她却被天津的一所高样录取。为此，在大学毕业时，她报考了人民大学的研究生。

来到北京以后，小琳一度沉浸在甜美的爱情中。

"男友一直是我最坚定的支持者。没想到，动摇的是我，而不是他。"随着视野的开阔，小琳的情感起了微妙的变化。她承认自己面临很多诱惑："身边有很多出色的男生。"相比较之下，男友反而显得普通、木讷，"话不多，放在人堆里认不出来。"

有一次，小琳半开玩笑地对男友说："你总是口齿不清，不爱说话，没人知道你的关怀……好了，轮到你损我了!"

男友笑着平静地说："你很好啊。"

小琳急了，"为什么你翻来覆去总是这一句话?"

男友这才"嗯嗯"地开口："你的衣服上有一根线头。"边说边帮她拿掉。

小琳最终答应了男友的求婚。她说，遇到那么多人，还是男友的执著和默默的关怀让她感觉最踏实。

与小琳的爱情马拉松相比，小青的爱情故事更像是一场接力赛。

"大学的时候谈了第一个男朋友。我们相约毕业后去国外留学，可是我的雅思成绩不够，只好一个人留下来了。"

小青找了一份工作，本来打算边工作边准备考试，但是她渐渐发现，出国并不是最适合自己的选择。

小青的初恋就这样无疾而终。后来小青才知道，男友出国后，很快就跟别人同居了。

小青告诉自己，分手是两个人的决定，而不是男友抛弃了她。为了挽救下降的自信心，她接受了另一个男孩的爱情。颇有戏剧性的是，这段恋情只维持了半年，男孩就主动要求分手，理由是他要跟上司的女儿结婚。

这一次，小青平静了很多，她不再妄自菲薄，但是也心灰意冷。"谁能经受得住考验呢？"小青说。

就这样过了两年，小青拒绝了很多男生，一个很巧合的情况下，她遇到了现在的男友。男友才华横溢，富有的个人魅力，彻底把小青俘虏了。

"我们是一见钟情。"小青以为，她终于找到了自己的那颗菜，可是激情过后，爱情继续，男友却始终回避婚姻。

"他很紧张，怕我怀孕。"小青说，"他并没有别的女朋友，对我也很体贴，可提起婚姻，他总是装聋作哑。我已经 26 岁了，我很担心，这样等下去也没有结果。"

现在年轻人的爱情旅行

虽然各个时代的爱情总有相似，我们还是不得不承认，现在年轻人赋予了爱情太多的表现形式和手法。在现在年轻人的爱情故事中，既有打着花花公子招牌的痴情种，也有貌似忠贞的负心汉。既怀疑又信任，既向往又排斥，既浪漫又真实，既冒险又谨慎，现在年轻人的爱情就是这样的一个矛盾统一体。

现在年轻人爱情旅行虽然玩出很多新花样，对于婚姻却抱着严肃的态度。如果没有找到适合婚姻的爱情，他们宁愿在围城外面兜圈子。然而这并不是爱情至上主义，所谓适合婚姻的爱情，实际上是一杯加入了很多非爱情元素的"花式爱情咖啡"。现在年轻人虽然掀起了新的婚姻革命，发明了大量关于婚姻的新概念和新名词，当他们以爱情的名义进入婚姻，务实仍然是首当其冲的理由。

问题是，现在年轻人的爱情旅行太漫长了。从中学开始，他们就踏上了寻找爱情的旅行，有时是短跑，有时是中长跑，有时是接力赛，有时是马拉松。有恋爱高手，也有失败的人；有甜蜜，也有挫折。随着爱情阅历的丰富，有的年轻人发觉"爱情不过是那么回事"，有的则干脆产生了对爱情的幻灭。是虚假的爱情泡沫泛滥成灾，还是爱情的本质就是昙花一现？在爱情旅行中迷路的年轻人或者把爱情从婚姻中隔离出来，或者干脆逃离婚姻。

不敢正视婚姻的年轻人其实是一群长不大的孩子。但这并不是现在年轻人的主流声音。某网站对80后的调查表明，八成的80后不认同"婚姻是爱情的坟墓"的说法。虽然结婚年龄普遍推迟，80后正在将婚姻纳入爱情旅行轨道。

平平淡淡不一定才是真

　　婚后生活果然如小琳预料的那样波澜不惊。两个人各自忙碌自己的工作，丈夫小磊还是像以前一样少言寡语。对于这一切，小琳虽然已经做好心理准备，时间一久，未免也觉得乏味。

　　一天，小琳无意中在小磊的衬衫上发现了一根黑色长发。望着镜子里自己的栗色短发，小琳正在出神，恰好看见小磊悄悄走出房间接电话。难道一向老成持重地小磊也会有外遇？凭着多年来对小磊的理解，小琳选择了相信自己的丈夫。然而第二天，好朋友小丽却打过电话，吞吞吐吐地告诉小琳，她看见小磊跟一个女孩在咖啡厅约会。小琳挂上电话，想起那天小磊明明跟自己说，晚上要在公司加班……小琳想不下去了……

　　冷静下来，小琳拿起小磊的照片，不由得问自己：这到底是为什么？如果他有了外遇，是不是自己也做得不好？两个人好不容易走到一起，究竟是为了什么？为什么从前"天涯若比邻"，现在在一起了，却感觉这么陌生？

　　小琳开始尝试利用晚上时间跟小磊聊天，还搜集了一些两个人都感兴趣的电影、书籍，小磊学法语，她也觉得很有意思……随着时间的推移，他们的共同话题越来越多，聊天的时间越来越长，感情也越来越甜蜜。"他是否有过外遇已经不重要了。"小琳说，"重要的是，我们通过倾听对方心底的声音，知道了对方在想什么。"

小磊一直没有告诉小雅，婚后，公司里一个女同事曾经追求过自己。小磊是个后知后觉的人，正是因为那个电话，他才意识到事情不太对劲，于是便找了个时间，把同事约到咖啡厅，婉转而明确地拒绝了她。小磊对小琳非常坚定，所以并没有把同事的爱慕放在心上，当然也就不觉得有"坦白"的必要了。"如果我知道小琳发现了一些'蛛丝马迹'，我肯定会'坦白从宽'的，毕竟我心里，只有小琳一个人。"小磊笑谈。很久以后跟小琳的一次聊天中，小磊无意中发现了"真相"，他很感激小琳的信任和做法，"我们是爱人，也是好朋友、好伙伴，这种婚姻关系让我觉得很轻松，也很幸福。"

小琳也坦承自己从这件事中获益良多。"如果没有'外遇事件'，我不知道自己还能在乏味的婚姻中沉默多久。说不定我们的婚姻已经'触礁'了呢。"小琳说，"以前是光说别人，不检讨自己，现在遇到问题，我都会警告自己不要怨天尤人。"

解决方案：提升你的爱情

结婚是现在年轻人爱情旅行的里程碑。对他们而言，结婚意味着他们结束了云中漫步落入凡间；对家长们来说，看着孩子迈入婚姻，如同看着他们的生活走入正轨。然而，这一历史性的转折果真会如此顺利吗？当婚姻的新鲜感逐渐褪去，他们会甘于平平淡淡的婚姻生活吗？又或者说，经验空缺的他们能够应付的了柴米油盐吗？事实上，大多数年轻人在面对婚后矛盾这一新生事物时都措手不及，看来，爱情要学会脚踏实地，考验才刚刚开始。

◎寻找和发展共同语言

"闷"是现在年轻人对人和事的最坏评价。所谓的"闷"是一个模糊标准，平淡的婚姻不一定闷，关键要看婚姻有没有"营养"。什么是婚姻的"营养"？简单来说，就是夫妻双方的共同信念和共同价值，这种共同的信念和价值被习惯性地称作"共同语言"。

在小琳和小磊的故事中，小琳一直在努力向小磊靠拢，小磊也一直支持和等待小琳，小琳的"努力"和小磊的"支持、等待"都是为了一个目标：两个人在一起。这就是小琳和小磊最鲜明的共同语言。婚后，他们实现了在一起的愿望，小琳却觉得乏味，为什么？因为他们失去了之前的共同语言，也没有发展新的共同语言。于是，小琳主动迈出新的一步：跟小磊聊天、一起看电影、看书、学法语……"随着时间的推移，他们的共同话题越来越多"，聪明的小琳终于找到了新的共同语言，而且是极具发展潜力的共同语言。如此下去，他们的婚姻怎么会不幸福呢？

可见，共同语言不仅仅是婚姻的"营养"，也是爱情的"营养"。如果说"婚姻是爱情的坟墓"，那是因为爱情在婚姻之前就已经往坟墓的方向走着，也就是说，男女双方的共同语言已经呈减少状态，婚姻不过是"强弩之末"而已。

平淡不可怕，单调才最可怕。吃饭、睡觉、清洁、上下班……这些婚姻生活的常态，既可以被赋予娱乐精神，也可以变成例行公事。爱情可以歇歇脚，却不能固步自封，因为共同语言从来不是一成不变的，总会根据生活的变化增加或减少。例如，柴米油盐的生活对现在年轻人而言，不仅仅是平淡，简直是挑战，当 他们对伴侣说："你怎么什么都不会，笨手笨脚！"婚前的小可爱变成婚后灰头土脸的笨太太、笨先生，共同语言就被大大损耗了！

因此建议年轻的情侣或夫妻，如果想维持爱情的甜蜜和婚姻的美好，就不要忘记寻找和发展共同语言。找时间谈谈，设计一些活动，发展共同兴趣；在遇到矛盾的时候，以尝试的态度营造出和谐的相处方式。如果你们心心相印，不但是好情侣，还是好拍档，还有什么困难是不能面对的呢？

◎为对方做出改变

"我就是这样，不愿意就分手！"或许这只是一句气话，其杀伤力却足以使对方寻求共同语言的努力付诸东流。说这句话的人，没有真正明确婚姻的意义——你的固执和你的婚姻，哪一个更重要？如果你还没有结婚，那么建议你保持单身，因为固执是共同语言的天敌，而缺少了共同语言，婚姻也就味同鸡肋了；对已婚者来说，既然选择了婚姻，就应该遵循婚姻的规律，婚姻的一条基本规律就是：你需要作好准备，放弃一些自己的想法，接受一些与自己不同的想法。

坚持"我就是这样"，其实是把自己凌驾于对方之上，把"共同语言"变为"一言堂"。对方即使选择了让步，这种让步与忍耐又能维持多久？固执不肯改变的你，又如何保持自己的吸引力？要知道，这种貌似强势的行为只能限制说话者自己，并不能阻挡对方的脚步。如果对方的脚步一直向前，说话者却固执地在原地打转，两个人的心灵势必会产生距离，当距离大到爱情所能承受的极限，婚姻也就无法继续了！

所以，"我就是这样"其实是很不聪明的说法，聪明的年轻人会把这句话改成："我愿意让你看见我的改变！"这句话传递了这样的信息：是的，我愿意改变，这种改变是为了你！收到如此充满爱意与诚意的信息，对方如果爱你、尊重你，一定会做出积极的回应！

这种"改变"与"回应"意味着，如果对方已经提升，自己会主动跟进，而对方会及时地拉你一把，把你拽到他（她）的身边；或者，两个人互相扶持，彼此鼓励，一起获得提升。说到底，这是一种开放的婚姻态度，当爱情不断提升，新鲜感必然接踵而至，配合默契的两个人必将从中得到无穷乐趣，这才是婚姻的境界所在！

婚恋观 4．为心急如焚的双亲结婚

看过《非诚勿扰》的人，都会被这样的一个画面感动：一位妈妈为了女儿，和女儿一起走上《非诚勿扰》的舞台，女儿也是因为妈妈一直为一个男孩留灯到最后，与这个男孩子牵手成功。随后，妈妈也因为女儿找到心仪的男生退下这个相亲的舞台。不管这位女嘉宾能否与这个小伙子最后走进婚姻的殿堂，从中可以看出妈妈为女儿婚姻的良苦用心。

追源父辈们的这种心情，我们不妨从中国传统婚姻谈起。古代结亲讲究门当户对，这与"父母之命，媒妁之言"不无关系，封建的等级制度决定了古人的"交际圈"。民去见官，大多是告状申冤的，官去见民，大多是为体察民情，了解民意的公事。绝少是去沟通个人情感的。子女的婚姻以门户相当为据，估计与此不无关系。

无论如何，婚姻大事是关系男女终身幸福的大事，完全抛开当事人的意愿，仅凭"父母之命，媒妁之言"，都有点包办婚姻的嫌疑。通过一些史书我们了解到，在古代也不乏以子女终身大事，做为攀龙附凤、谋取钱财的父母。想必祝英台的父亲非要把女儿嫁给马文采，而置女儿的幸福于不顾，也是看中了马家的富有吧！

受"父母之命，媒妁之言"之苦的不仅仅是梁山伯与祝英台。唐朝洛阳城女子步非烟，才貌双全，依照父母之命嫁给河南府功曹参武公业为妻，曹性情耿直，粗犷躁烈，只晓得武刀弄斧，步非烟的才情到了他那儿完全是对牛弹琴。尽管他对步非烟宠爱有加，步非烟还是红杏出墙，后来事情败露，被武公业活活鞭打致死。可见这种制度，终究有它的弊端。

虽然现在这种"媒妁之言"的婚姻已不多见，但现代的长辈们多少还会受中国传统文化的影响，为自己的子女着急婚姻大事。

比如，在某网站一份关于婚姻的调查中，10% 的 80 后表示，结婚是为了安慰心急如焚的双亲。"没有办法啊，父母逼得紧，不得不结啊。"80 后幸福地抱怨着。

幸福的抱怨

年仅 25 岁的刘涛，长辈们就开始对他进行亲情攻略了。

"涛涛，咱们家只有你一个男孩。爷爷奶奶年纪大了，你不要一天到晚就想着玩，该踏踏实实交个女朋友了。"

长辈们整天忙着替刘涛张罗相亲，直到他把易淑带回家。易淑温婉可爱，学历、模样都不差，马上得到了大家的认可，刘涛这才歇一口气。

"我们结婚吧，可以吗？"第一次求婚，就这么傻呼呼地发生了。

易淑吓了一跳，"太早了吧？不行！"

"长辈们都很喜欢你，他们说我今年的任务就是跟你结婚。"

"那你呢？你想结婚吗？"

"我？我还需要想吗？"

就这样，刘涛的第一次求婚以失败告终。易淑不是不喜欢他，只是认为两个人年龄尚小，最重要的是，刘涛对于结婚的想法似乎不够成熟。婚姻是自己的事，怎么能为了父母长辈而结婚呢？易淑一直坚持自己的想法，直到类似的事情发生在自己身上——

"你爸爸的脚受伤，住院了。"听到这个消息，易淑的心一下子紧绷了起来。

她马上拨爸爸的手机，谢天谢地，爸爸很快接了。虽然已经住了院，爸爸还是安慰易淑："不要听他们乱说，我没有事，在外面散步呢。"

"不要骗我了爸爸，你真的没有事吗？"

"真的没有事，不信你听，爸爸给你跺脚，你听，1，2，3……"

易淑忍不住哭了。

"易淑，你最近好吗，工作顺利吗？有没有男朋友？"爸爸赶紧转移话题。

"我很好，工作很顺利，也交了一个男朋友。"

"真的吗？"女儿第一次提到男朋友，爸爸又紧张又高兴，"他叫什么名字？是哪里人？做什么工作？多大了？"

"他叫刘涛，北京人，在出版社工作，跟我一样大。"

"那你觉得怎么样？什么时候带回来让爸爸看看啊？你一个人在外地工作，结了婚，也有个人照顾你，妈妈去世的早，你有个归宿，爸爸就放心了……"

爸爸啰里啰唆说了好多话，放在以前，易淑早就烦了，这一次，她却觉出了话的分量。

挂上电话，易淑对刘涛说，准备回家看看爸爸。

刘涛看着女友，沉默了一会儿，突然说："易淑，我们结婚吧，我陪你一起回家看爸爸，结婚以后，咱们就把爸爸接过来。"

易淑楞住了。她想了想，然后轻轻点了点头。结婚，是为了爸爸还是为了自己？一时还真的说不清楚……

父母"逼婚"的心理

从上面的案例来看，两位主人翁的年纪都不大，父母为什么要着急让他们成婚呢？这些长辈们到底有什么忧虑呢？

面对父母的"逼婚"，现在年轻人多少有些无奈，他们没有意识到，父母这种看似"老土"的行为背后其实隐藏着更深层次的忧虑。这种忧虑，绝非"传宗接代"可以概括，也不是"希望有个人照顾你"这么简单，而是出于对现代多元文化的担心。当试婚、网婚、闪婚等新名词借助网络迅速流行，当未婚同居变成一个司空见惯的现象，当一夜情、婚外情正在骚扰正常的婚姻，一切的一切都企图恋爱婚姻演变为一场游戏，这些"叛逆、搞怪、自我、没有责任感"的孩子能够把握方向、辨明是非，走入正常的婚姻吗？

太多不确定因素阻挠着现在年轻人走向正轨，这几乎成了父母们的心病。因此，在《中国第四次婚姻革命》中这样描述到："看着自己的儿女和一个同样年轻健康的伴侣走进婚姻登记处的大门，很多父母大大松了一口气。"

在父母们看来，结婚意味着孩子开始了真正的生存，意味着他们找到了通向幸福的轨道，同时，也意味着自己即将完成做父母的责任。如果现在年轻人能够再接再厉，添一个健康的小宝宝，父母们就更加心满意足了！

然而，这一代的父母，面对的是对过去和未来同样心存疑虑的新时代年轻人，他们拒绝"祖祖辈辈就是这么过日子"的说法，更愿意去问"为什么"。为什么要结婚？我的事业基础还没有夯实，我很享受单身的乐趣，我没有心仪对象，我面对了太多失败婚姻……或许，家长们同样不能明白现在年轻人种种理由背后的深层次困惑，那就是：结婚就等于幸福吗？婚后生活一定比单身生活幸福吗？

这些年轻人站在婚姻的十字路口，带着不同的决定踏上属于自己的旅程。其中，有坚定的"不婚族"，打定主意将单身进行到底；有彷徨的"寻觅族"，在选择对象之间、爱情和婚姻之间犹豫不决，想着为什么"真心人"还不出现；有无奈的"飞蛾扑火族"，选一个父母满意的人结婚，自己喜欢不喜欢无所谓；有平静的"随遇而安族"，身边正好有个男（女）朋友，那就结婚吧……有调查表明，80后仅仅占据了80后1%的份额，也就是说，绝大多数的80后已经或将要带着困惑与婚姻正面交流，他们能够得到正确的答案吗？

父母的选择 VS 自己的选择

"如果让你再选择一次，你还会这么早结婚吗？"说这句话的时候，易淑刚刚跟刘涛吵了一架。

"为什么不呢？我们不是很好吗？"几乎每一次吵架都以刘涛的求和宣告结束，这一次也不例外。

事实上，刘涛不明白那些小事怎么就惹得易淑发脾气，不就是脏袜子忘了放进洗衣筐，看过的书随手乱放，地板踩了一个脏脏的大脚印吗？

不过，过日子难免有些磕磕碰碰！刘涛早就做好了心理准备。所以，每次易淑不高兴，刘涛就摆出"有则改之，无则加勉"的态度。刚开始，这种态度还是很奏效的，可是，易淑渐渐发现上当了，因为刘涛总是"勇于认错，坚决不改"，易淑不得不继续在沙发下面找到刘涛的脏袜子，在马桶的水箱上找到新买的书，还有在拖地的时候，警告刘涛保持站立姿势 10 分钟……

日子就这样在平静的小麻烦中过去了。直到有一天，易淑接到好朋友晶晶的喜帖。

"你们不是才吃过两次饭吗？"易淑很是不可思议地问道。两个星期前，晶晶通过相亲认识了现在的"男友"，虽说是"男友"，连手都没牵过，更谈不上了解了！

　　"他爸爸病了，让我们结婚'冲喜'。"晶晶无奈地说，"我爸妈说他家境不错，人也可靠、有前途，让我答应这门婚事。"

　　"那个人你喜欢吗？"话刚说出口，晶晶就意识到自己问了个很傻的问题。

　　果然，晶晶的眼眶红了："爸妈说我不孝顺……我也没办法了，对那个人我根本没有感觉……"

　　易淑不知道该怎样安慰晶晶。但是，这件事情未免太荒诞了！什么年代了，还有人相信"冲喜"，还有家长坚持"父母之命"，完全不顾及孩子的想法！为什么会这样呢？

　　易淑陷入沉思。或许是因为这些家长把婚姻等同于幸福了吧！他们急着把子女送进婚姻，以为许给了他们一个幸福的未来，实际上呢？那些听从家长的同龄人们，真的能够清晰地认识婚姻吗？比如自己，易淑想到那些生活中的磕磕碰碰，是找到了幸福，还是损失了获得幸福的机会呢？

解决方案：直面自己的情感需求

　　如何形容现在年轻人眼中真正的爱情？是一刹那的天荒地老，专心致志地两两相望，黑白分明的坦诚真挚，还是无怨无悔的自我牺牲，刺激新鲜的拍岸惊涛，手足无措的目眩神迷？

　　现在年轻人的生命中并非没有爱情，只是爱情太过激烈短暂了。更确切的说，现在年轻人理想中的爱情，其实称作"激情"

更合适。婚姻可以这样激情吗？当然可以，但只是一个短暂的时间，轰轰烈烈的充满浓郁爱情的婚姻必将归于平淡，然而有心者仍能体味到那一股沁人心脾的清香。

◎取决于对自己婚姻的态度

对于现在年轻人的婚姻大事，父母的关心几乎是出于本能。对于这些父母来说，现在年轻人还是一群没有长大的孩子，他们的婚姻，如同上学、应聘工作，需要父母参与，才能避免不必要的错误。

父母该怎样参与，这种参与占多大分量？对此，不同的父母有不同看法，采取的方式、取得的效果自然也千差万别。

有一种"用心良苦型"的父母，见缝插针地给孩子安排相亲，追问孩子的意见，把孩子置于"婚前准备"的情境中，久而久之，孩子也就"化压力为动力"，认认真真地找到一个结婚伴侣。这种类型的父母只是尽可能地为孩子创造选择机会，还是会把最终决定权交给孩子。

第二种是"耳提面命型"的父母。这种类型的父母会不自觉地把个人经验推己及人地应用到孩子的婚恋当中。他们不像孩子那样感情用事，更多的考虑现实因素，像身体是否健康，双方教育程度、家庭背景和经济状况是否相当，职业和性格好不好等等。这些父母尽可能地以"过来人"的身份，对孩子的婚恋作居高临下又细致入微的考察，企图达到"去伪存真，去粗取精"的目的，最终为孩子筛选出满意的婚姻。

还有一种是"包办型"父母。顾名思义，就是对孩子的婚恋大包大揽的父母。这些父母往往主观臆断，对孩子的真正感受却不予理会，动辄批评孩子"不孝顺，不懂事"，直到撮合出符合自己标准的婚姻。

由此看来，在婚姻问题上，父母与现在年轻人出现矛盾的情况并不少见。在父母们认为，是现在年轻人不懂事，不能明白做父母的苦心，其实，父母们也应该反思自己的做法。很多父母都有这样的误解，认为凭借自己的人生经验，可以帮助孩子少走弯路，少受点苦，所以就拼命地阻止孩子"犯错误"。事实上，父母们自己的人生经验，难道不是从经历、教训中得来的吗？有多少是当时长辈们口口相传的呢？也许父母们会说："正因为此，我们才教育孩子，不要犯我们的错误！"而真相却是：实践出真知，把孩子固定在一个自以为安全的小圈圈中，远不如孩子在自己经历、从中总结经验教训、学会保护自己来得有效！

父母们在现在年轻人身上投入了太多的关心，然而，即使他们愿意，也不可能代替孩子承担生命。最坏的情况是：如果父母们的决定是错误的，后果也只能由他们来承担。因为现在年轻人将面对的，是属于他们自己的独立的家庭系统。

现在年轻人的婚姻是否幸福，最终取决于他们自己对婚姻的态度。不管选择正确与否，将来会不会遭遇挫折，这些都是年轻人自己的决定、自己所需要承担的后果，也是现在年轻人成长的必经之路。婚姻如此，事业亦如此。如果家长不懂得放手，这些年轻人是没有机会尝试长大的。

◎婚姻是对自己的交待

虽然我们一再强调，父母应该把婚姻的选择权交给现在年轻人，但实际上，很多现在年轻人把父母从幕后推到台前，是在为

自己步入婚姻找一个理由。"没办法，父母催得紧！"很多现在年轻人就是用这句话来安慰自己，以逃避内心那些不清晰的困惑。

其实，婚姻说到底是对自己的交待，安慰父母虽然孝心可嘉，但如果不以自己的感觉为指南，那未免本末倒置了。换句话说，如果你忽略了自己的感觉，以致无法在婚姻生活中得到安慰和支持，不但你自己得不到幸福，对父母也是一种伦理上的欺骗，这种婚姻要来做什么？

不结婚未必就是不孝顺父母，结了婚不幸福父母也会不快乐。最聪明的选择是：改变对婚姻的态度，直面自己的情感需求。婚姻就是柴米油盐，婚姻就是平平淡淡，为什么还有那么多人从婚姻中得到幸福？那是因为，这些人都有一种知足常乐的小康心态！

这里所说的"小康"，是情感的小康，也就是一种情感的饱足状态。什么是情感的饱足？在这个问题上，很多人会误解为激情的丰盈。他们认为，理想的爱情必须由激情贯穿始终，如果激情消退，爱情就会变得苍白空虚，没有维持下去的必要了。持这种想法的人，是顽固地守望理想爱情的人，往往也是只崇尚过程不追求结果的人。为什么呢？因为他们最终会发现，所谓的理想爱情其实是不存在的，一段感情总是由惊涛骇浪开始，又总是在时间的流逝里归于平静。不断追求激情的人，其情感是跌宕起伏的。激情到来时，他们觉得自己是世界上最幸福的人，激情消退，他们马上就沦落到情感的贫困线以下。为了脱贫致富，他们追求一段段激情，却始终患得患失，他们的情感，非大富即赤贫，他们的爱情只是一种受到本能牵引和导向的青涩情感！

现在年轻人多多少少都有过这种激情体验，但不是所有的年轻人都能把这种体验发展为小康。这是因为，很多年轻人过不了

"承诺"这一关。所谓承诺，是个人内心和口头对爱的预期，是爱情中的理性成份，意味着责任感正式进入爱情的范畴。激情时的空头支票不在此列，诚恳却无法实现的诺言也不在此列，相反，刘涛和易淑那种踏踏实实过日子的态度却可以被看作是一种承诺！当爱情走到承诺阶段，一个长期的、理性与感性共存的小康工程也就此展开了。根据上面的论述，我们可以为爱情列出顺序：激情→承诺+婚姻→情感小康或激情（爱情的开始）→下一次激情（下一次爱情的开始）→再下一次激情（再下一次爱情的开始）。

永远追求激情与追求永远的情感小康，聪明的你，选择哪一个？

在第一列顺序中，激情是爱情生存和发展的原动力，承诺是激情遭遇现实的理性回归，婚姻是承诺的合法化，情感小康则是在这些基础之上的情感饱足。由此看来，婚姻是一种外在形式，承诺才是内在的关键。如果没有承诺，既使人结婚了，心也没有结婚。如果没有对自己的爱情做一个正确的判别，结了婚的人就会有一种"未完成情结"，认为自己损失了获得真正幸福的可能，而这份可能，不过是下一次激情而已！

现在网络流行的一句"我昏（婚）了"，不仅仅是现在年轻人的文字游戏，还反映了他们对待婚姻的态度。其实，误解爱情、婚姻与承诺的，何止是年轻人？有多少人真正判别了自己的爱情？有多少人甘于平淡幸福的婚姻？有多少人愿意为激情放弃情感小康？或者我们不妨经常自问：我的情感小康了吗？

当然，情感小康不是一蹴而就的事，正所谓"爱是要用一生来完成的艺术"，要想达到情感小康，我们就必须明白：快乐不是拥有更多而是珍惜和享受已经拥有的；这个世界上的确没有一种爱，不用浇灌和栽培，就会获得永恒。

婚恋观 5. 用婚姻改变命运

还是继续《非诚勿扰》上的"宝马论"，细想想，这何偿不是想用婚姻改变命运的心理。

泰戈尔说："你可以用外表美来对待一朵鲜花和一只蝴蝶，却不可能用它来判断一个人。"外表的光彩只能是外表，人有了自信，再加上智慧，才会改变自己的贫穷，改变命运。不要一味寄希望于婚姻改变命运，重要的是如何改变自己。

其实，对婚姻抱有希翼和梦想，本是现在年轻人常有的心态，但若是以功利的心理去面对，生活就变得刻意了，也失去原本它所在的真实，所以我们本能地以凌乱的姿态接受了那些同样凌乱的事情。它们也不能有什么美好的结果。即便我们的生活有可能出现童话的结局，王子也绝不会娶灰姑娘的姐姐为妻，因为看穿她的刻意目的。生活往往是如此。

我们从出生到终结是充满着无数的未知的，我们无法知道自己生命的旅程将会发生什么样的变化，就像一粒随风飘落的草种，在一个看似肥沃的河边扎下了根，只有永生在那里而无法重新选择自己的将来。我们无法选择自己的父母、家庭、出身，因而也就无法选择我们前半生的命运平台。无论这个平台如何，对我们的影响有多大，我们都无法抱怨，无法改变，只有接受和承认。但是，我们绝对有办法选择自己后半生的幸福——也就是说我们有办法选择自己后半生的命运平台。因此，对于我们来说，婚姻就是我们的第二次生命。对于选择婚姻的人而言，选择了婚姻既是选择了一种生活方式，同时也是选择了自己的人生命运。

老板独生女儿的情感攻势

珍珍是一鸣老板的独生女儿，虽然她知道一鸣已有女友燕子，但珍珍还是向一鸣发动了感情攻势。因为在珍珍看来，自己的优势是显而易见的：年轻漂亮，老板的独生女儿。这样的钻石公主，怎么会得不到白马王子的欢心呢？

在挑选伴侣的问题上，珍珍和父母的意见是一致的。感情固然重要，家族事业也要顾及。所以，当珍珍"圈定"年轻有为的一鸣时，父母暗中给予了支持。

聪明的一鸣怎么会看不出这一点呢？只是，一鸣舍不得放下燕子——从性格、学识等各方面都非常适合做自己的妻子，更何况，男人的尊严也让他很难对"现代陈世美"的头衔无动于衷。

然而，这种左右为难的现状并没有持续很久，其中的一个原因是：珍珍做通了一鸣家人的工作。父母开始在一鸣耳边叨叨：

珍珍既漂亮，又善解人意，家庭条件还这么好；燕子虽然也很出色，但家境普通，未必能在工作上帮得了你……无论如何，当一鸣终于选择了珍珍，公司各种声音，唯独"意外"之声。

在珍珍决定"下嫁"一鸣的时候，她的好朋友妮妮找到了"金龟婿"。妮妮出身小康家庭，大学毕业才一年，已经换了几份工作，原因要不是自己吃不了当新人的苦，就是老板对这个漂亮女孩有工作之外的"特殊要求"。所以，当妮妮遇到"钻石王老五"李概时，毫不犹豫地接受了他的鲜花，并迅速把这份爱情发展为婚姻。婚后，妮妮辞去了薪水微薄的工作，跟珍珍一样做起了全职太太。

对李概来说，选择妮妮的原因超级简单："父母希望我早点结婚，让他们早点抱孙子。妮妮漂亮时尚，又很单纯，正好适合我。"

"以前我没有女朋友，只有性伴侣。"对李概来说，爱和性是两回事，爱难求，性易得。李概的这种想法与其说代表现在年轻人，倒不如说代表一部分开放的男性群体。有人曾打趣说，这个世界上的男人，一半想当皇帝，一半想当韦小宝。皇帝和韦小宝的共同之处就是他们都能坐拥天下美女！男人好色，就同他们追求事业一样是天性使然，但是男人也懂得权衡利弊，尤其是在道德面前选择专一。

"时间久了，觉得这种生活没什么意思，内心很空虚，所以想找份感情安定下来。"玩累了的李概遇到妮妮，"她不是很有想法，可是非常漂亮。我需要一位魅力十足的永久性伴侣，以及生出同样漂亮的后代。"

明白一个选择问题

　　无论婚姻是性对道德的妥协，还是情感上的栖息地，对男性群体的新生代来说，对方是否漂亮都是一个很重要的标准。

　　与此同时，现在年轻女孩也把物质纳入择偶标准。与男孩类似，"物质标准"也不是现在年轻女孩的专利，但是毫无疑问，与上一代人相比较，这条标准的分量是大大提高了。

　　要面包还是要爱情？或者说，"物质标准"是否体现了女性的弱势？对此，香港作家亦舒颇有深意地说："男女本来是十分平等的，你若没有企图，他又如何乘虚而入？"亦舒可谓一语中的。物质标准不能一概而论。如果女孩要求对方有一定的物质基础，说明她对未来生活有现实的考虑，这无可非议。但如果把物质放在第一位，超过了感情，那么我们只能说，这个女孩把自己置于弱势的位置上。想做一只金丝雀还是想要尊严？这其实是一个选择问题，矛盾在于，你如何要求别人在养活你之余还尊重你。

　　一个有意思的现象是，很多年轻女孩在选择了物质之后，会巧妙地包装自己，宣称对方是自己最爱的人。"我只是恰好跟他相爱，我没有想到他这么有钱！"说话的女孩一脸幸福表情。同样的情况，倘若换成一个男孩，恐怕就不会如此理直气壮了。男人能否通过婚姻改变命运？若想回答这个问题，男性读者不妨自问，你是否愿意放下男性的自尊和爱情以求得更好的发展？你是否介意自己因此成为别人的谈资？你认为男人在婚姻中应该处于怎样的位置？甚至，如果你所爱的人恰好在经济、学历等方面超过你，你还可以接受她吗？说到底，这仍然是一个选择问题。

婚姻真的能改变命运吗

"我女儿找到一个好归宿！"妮妮结婚的时候，妈妈欣慰地说。爸爸则郑重其事地对李概说："我把女儿交给你了，你要好好待她！"

感觉最幸福的要算妮妮了。她庆幸自己找到了理想的丈夫，终于不用再辛苦工作，就可以过上有房有车的生活了，而且，她的丈夫那么出色，还对她一往情深！妮妮全心全意地做着家庭主妇，井井有条地打理婚后生活，把丈夫照顾地无微不至。

然而，不知道什么时候开始，情况似乎不那么乐观了。先是妮妮感觉精神空虚：身边几乎没什么朋友，明明有大把的空闲时间却对任何事都提不起劲来，李概的工作又忙，难得在家陪她，即使他在家，夫妻俩也无话可说。接着，事情变得更糟糕了：李概因为一次重大失误被公司辞退，虽然很快找到新工作，但薪水与之前是不可同日而语了。

因为付不起房子按揭，夫妻俩不得不搬家，新房子不但面积小、装修差，位置也大不如前。日子也不像以前那么宽裕了，妮妮再也不能随心所欲地花钱，李概也变得"小家子气"，在精打细算的生活面前，习惯了养尊处优的两个年轻人争吵不断，一个埋怨对方没能力，一个批评对方不问付出光想着收获。

一段时间的苦日子之后，李概被一家公司邀请担任高级经理，年薪比降级之前还高，妮妮以为，自己终于守得云开日出了，没想到，李概却开始约会其他的女孩子，虽然他没有提出离婚，但两个人的婚姻似乎已经走到终点。妮妮很害怕，如果离婚，她还有能力在社会上生存吗？她多么美慕珍珍"含着金钥匙出生"，一鸣有岳父支持，事业也一帆风顺，想必他们不必经受"只能同甘，不能共苦"的考验吧！

可是，珍珍和一鸣的婚姻真的如妮妮想象的那么顺利、美好吗？事实上，珍珍也是有苦难言：自以为找到了白马王子，谁知道，却是一个小心眼的白马王子！珍珍本来就有些"小姐脾气"，比较以自我为中心，跟一鸣结婚之后，她也不再提醒自己要善解人意了，所以两个人经常为一些小问题起争执。让珍珍不能忍受的是，每次一鸣都要扯上工作，似乎两个人结合只不过是经济利益的驱动而非爱情！终于有一次，珍珍忍无可忍提出离婚，虽然在父母的调解下不了了之，两个人的关系也只能说"相敬如冰"了。

其实一开始，一鸣也打算跟珍珍开开心心地过日子，他告诉自己，虽然他因为婚姻而得到很多，他的婚姻仍然只是普普通通的婚姻，他也不需要为此而卑躬屈膝，珍珍那么善解人意，一定会了解他的。可是，一鸣很快发现自己只是一厢情愿，珍珍的善解人意在举行婚礼的时候就宣告结束，她的小姐脾气也一发而不可收，最让一鸣难以接受的，是珍珍把一鸣看成入赘的女婿，似乎一结婚，一鸣就应该跟家里脱离关系似的，结婚那么久，珍珍没有主动看望公婆一次！难道这个婚姻真的只是"经济资源共享"吗？一鸣很想离婚，但又舍不得拥有的一切，毕竟，他的前途就系在这个婚姻上。

解决方案：拒绝"托付心态"

妮妮和一鸣这两位试图依靠婚姻改变命运的年轻人，看似得到了自己想要的东西，实际上却把自己置于危机之中，稍有差池，手中的一切将如过眼烟云。用婚姻成功改变命运的例子不是没有，我们故事主人公的问题出在哪里呢？

◎ "把快乐寄托在别人身上"

"让我快乐是你的责任！"这的确是妮妮的心里话。她把自己的快乐寄托在谁的身上呢？自然是丈夫李概！也就是说，只有李概能够决定妮妮快不快乐！

那么，在妮妮出嫁之前，她的快乐寄托在谁身上呢？答案是她的父母。所以妈妈会说："我的女儿找到一个好归宿！"爸爸则干脆明确责任："我把女儿交给你了，你要好好待她！"

对妮妮爸爸的要求，李概自然是满口应承，但是他做到了吗？首先，他忙于工作，不可能随时都哄妮妮开心，然后出现转职风波，李概自己已经心绪难平，哪有心情安慰妮妮呢？妮妮的抱怨使李概意识到，自己原来承诺了无法做到的事！

因为快乐承担者的失职，妮妮陷入了痛苦和恐慌之中。她该怎么办？走出婚姻，她没有同龄女孩的工作经验，从头开始困难重重；在婚姻中固守，未必能等来李概的回心转意，破裂的感情是很难修补回从前的样子了。

看来，妮妮必须反思自己的婚姻态度：为什么她把自己快乐的决定权交给李概？或者说，假使她把这个权利交给其他人，就一定能够获得稳妥的快乐吗？

答案当然是否定的。事实是，不管谁接管妮妮的快乐责任，都未必能兑现承诺，因为一个人连自己的快乐也很难保证！况且，即使那个人对自己有十足把握，谁能保证婚姻中的两个人总能保持一致的快乐？如果他正在喝黑咖啡，你却想要卡布奇诺，怎么办？

可见，把自己的快乐寄托在别人身上，才是造成自己最终不快乐的根源！所谓"做得好不如嫁得好"，这个"嫁得好"实在是一个模糊概念，鞋子穿在自己脚上，合不合适只有自己知道，为什么不自己去买，非要别人去买那不知道是否合适的鞋子呢？

不但婚姻中的女性会产生这种托付心态，未婚的女孩往往也有这种想法。正是因为托付心态，女孩们才把物质当成爱情的筹码，或者要求对方照顾自己的喜乐。她们虽然以自我为中心，却不认同自己照顾自己的能力；她们还没有从父母的温室里走出来，就开始等待下一个接纳自己的温室，而被她们寄予厚望的年轻男孩，果真有迅速筑造温室的能力吗？

◎ 在争执中选择不妥协

作为被寄予厚望的年轻男孩，一鸣并不怀疑自己筑造温室的能力，问题是，他刚刚从学校走出来不久，所谓成功还需要时间，另外，作为自我的现在年轻人，他并不认为自己对女友或妻子的快乐负有完全责任。

一鸣首先解决了第一个问题。通过婚姻，他少奋斗了几十年，就得到了梦寐以求的财富、权力和地位。然而，面对突如其来的"成功"，一鸣心里很不踏实。工作上，他缺乏经验积累，处理问题显得生嫩，同事经常向他投来怀疑的眼光；家庭中，他面临第二个问题却又无能为力。

虽然一鸣最初也认为"自己的婚姻只是普普通通的婚姻"，他的潜意识却出卖了他。否则，在与珍珍的争执中，他不会每每把矛盾归结于经济利益。也就是说，一鸣虽然选择了用婚姻改变命运，但却不能承担代价，这个代价最突出的表现就是不愉快的婚姻。

在争执中选择不妥协，反映了一鸣的微妙心态：他已经得到了想要得到的东西，又希望抹平为此付出的代价。为此，一鸣以爱的名义要求珍珍，其实却是在要求珍珍对他的"损失"做出补偿。珍珍没有满足他，他的心里失衡就会越来越严重。当一鸣发现珍珍不但无法帮助他，还会增加他的"代价感"时，他在婚姻中追求幸福的希望就完全破灭了。

事实上，真正破灭的是一鸣的"托付心态"。也就是说，一鸣并不完全认同自己的选择，却把罪责转嫁到珍珍头上，要求珍珍对他的愧疚负责。珍珍当然不愿意这么做。在珍珍看来，一鸣就应该听从自己，因为他已经被她"拥有"了！珍珍认为自己有权利对一鸣提出要求，但这并不是因为经济利益，而是因为爱情！

一鸣和珍珍的故事虽然比较特别，他们从中反映出的心态在现实中却屡见不鲜。的确有很多年轻情侣，他们打着爱的旗号，不停地要求对方，同时又"赋予"自己不付出、不妥协的权利。他们认为自己高对方一等，于是爱情被演化成控制对方的工具，如此，当两个人的个性都比较要强（现在年轻人恰恰是这样的）的时候，矛盾也就很难化解了。

因此，我们不妨尝试：学习对自己的快乐负责，承担照顾自己的责任，如果自己做错了，就不要怨天尤人。不要把这份责任留给父母，或转交爱人，这样恋爱婚姻会变得单纯，也更容易得到快乐。

婚恋观 6. 奉子成婚

31 岁的江燕相是从化市公安局巡警大队驻河东所民警，是一位爱岗敬业，勤勤恳恳，从不计较个人得失的好民警。在参加《非诚勿扰》节目中与一个有 4 岁孩子的女嘉宾许馨月在第 47 期节目中牵手成功，一时之间成为了交口称赞的一段佳话，这不仅是《非诚勿扰》节目的好消息，也是众多观众所期待的人间真情。

带子成婚和奉子成婚，虽然只差一个字，但概念完成不一样。我们可以把带子成婚归于人们期待的人间真情，但奉子成婚却并不是大家所期待的。奉子成婚顾名思意是指怀了孩子后结婚的。奉子，那应该未婚先孕，在过去奉子成婚可是件丢人的事，现在却有了那么多大大方方挺着肚子穿婚纱的"大肚新娘"，是人们的观念转变了吗？

其实，有些流行的东西未必就是好的，对于现在的这个社会，说其成为一种"独特风景"不为过，但这种独特弊大于利。很多年轻人之所以选择奉子成婚，两个人好了，同居在一起，不小心有了，打掉是伤害生命毕竟是两个人的爱情结晶，征得父母同意就只有尽快结婚，也可以说是没办法的情况下才结婚了。其本身就是对婚姻的不确定，对两个人的爱情没有自信，所以有了孩子，就有了必须结婚的借口。那如果没有小孩，或许不会那么快结婚，也有可能只是试婚没有缘份走进婚姻的礼堂。现在年轻男女奉子成婚的观念，只是给结婚一个很好的理由，最后结果如何，谁心里也没底。

小生命的意外来临

原本只是一场普通的恋爱，如果小宝宝不期而至，浪漫的故事如何继续？

"那就结婚喽！"说话的是马飞，得知女友小优怀孕，马飞就开始紧锣密鼓地准备婚事，从买房到举办婚宴，这些别人要几年才能解决的人生大事，他只用了两个星期就一气呵成了。

"我父母乐得赶紧抱孙子呢！"马飞笑笑说，"小优的父母起初觉得不习惯，后来也就默认了这个事实。只是催着我们赶紧把证领了。毕竟挺着个肚子去民政局不太合适。"

对马飞和小优来说，未婚先孕没什么大不了的："我们结婚本来就是铁定的事。原来打算把经济基础打得再牢固一些再办婚事，现在不过是提前了。"

奉子成婚变成顺理成章，当然不是所有的年轻人都能像马飞这么气定神闲，对于小生命的意外来临，准父母们可谓喜忧参半。

"我不喜欢婚姻，但没有更好的办法。"赵海笑容牵强地说。虽然跟女友已经同居了一年，他还是坦言，自己从来就没有考虑过结婚，这次女友怀孕纯属意外。

"她怀孕 3 个月后才告诉我。"听到这个消息，赵海开始变得坐立不安，对女友的态度也急转直下，最后干脆玩失踪。一段时间后赵海重新出现，面对大腹便便的女友和双方父母，只好结婚了事。

对赵海的女友小璐来说，把意外发展为婚姻也是迫不得已。"他总是逃避责任，我需要为自己的爱情讨一个说法。"虽然赵海的表现让小璐失望之极，但是看着自己渐渐隆起的小腹，在亲友们的劝说下，小璐还是走进了婚姻，"我想要一个合法的宝宝。"小璐表情忧郁，让人忍不住为她腹中宝宝的性格担忧。

同样面对早到的小"第三者"，王进既没有马飞那样随遇而安，也不像赵海那样手足无措，更没有小璐那样心烦意乱。作为准爸爸，王进一脸得意，承认自己蓄谋已久："宝宝为我们的爱情争取了很多同情分。"

王进与女友姗姗的爱情一直得不到姗姗父母的承认。父母认为这个穷小子不能给自己的独生女儿带来幸福。"可是我们已经认定了对方。"就在王进的求婚再一次遭到姗姗父母拒绝的时候，小宝宝为他赢取了一张通行证——姗姗的父母在迎接宝宝的同时不得不默认了宝宝的爸爸。

"能够'转正'，下一步的工作就好开展了。"王进半开玩笑地说，"我正在抓紧学习如何作一个好爸爸。"

给结婚一个理由

如果宝宝不期而至，你会怎么办？上面的三个故事大概只能算作现在年轻人的"非典型样本"。值得注意的是，虽然80后在这个问题上众说纷纭，他们中的大部分还是会认可同一个态度：奉子没关系，关键要成婚。

来自某网站的一份调查支持了这个结论。调查的结果表明：72%的80后不再认为怀孕结婚是一件难堪的事。而现实中我们的确也看到，越来越多的准妈妈大大方方地穿起了婚纱；奉子成婚不再被当成"家丑"，而被称作"双喜临门"；有前卫者称"三人婚礼"最幸福，把宝宝满月酒和婚礼一起办；甚至，婚纱影楼也因为租售孕妇专用婚纱而赚得盆满钵溢。当一场场奉子成婚被演绎得喜气洋洋意气风发时，我们不由提出这样的疑问："奉子"然后"成婚"，仅仅是一次婚姻范式的变革吗？对现在年轻人而言，奉子成婚只是对"失误"的补救措施，还是击破门户观念的"敲门砖"，抑或，已经成为爱情的"催化剂"？对我们的社会来说，奉子成婚，到底是对婚前性行为的绥靖，还是社会更加宽容与人性化？

结婚、生子，这两件人生大事被现在年轻人以倒叙的方式撰写，其实有它深层次的原因。为什么"奉子"不再是见不得人的糗事？那是因为在很多年轻人眼中，婚前性关系已经被普遍接受了，既然没有百分之百的避孕方式，怀孕也就不足为奇了！那么，为什么要"成婚"？当然，奉子分手的例子也不鲜见，然而对于大多数年轻人来说，与其把"成婚"当成"奉子"的解决办法，倒不如说"奉子"给了"成婚"一个最有力的理由！

"结婚？给个理由先！"如果婚姻的理想性被打破，传宗接代这些传统理念渐渐丧失权威，光怪陆离的都市风景让人乐不思蜀，恋而不婚恰好可以逃避承诺，还有什么理由能够说服现在年轻人走入婚姻？也许只有一个不期而至的宝宝能够给那些宁可爱情长跑也懒得结婚的年轻人当头棒喝，让那些不切实际的憧憬嘎然而止，逼着这些年轻人不得不沉下心来，掂量真实生活的千钧重担，综合考虑感情和未来的发展，从而迸发冷静的思考和巨大能量，将日子细水长流地过下去。正如台湾名嘴小 S 所说："不知道何时才是最应该结婚的时候，等一个孩子来决定了！"

小宝宝带来的麻烦

马飞觉得，结婚就像生命中的一个急转弯，突然之间，自己的生活就发生了天翻地覆的变化。以前下班以后就跑出去吃饭，或者一边吃饭一边看影碟，周末睡懒觉到中午，起床后到处乱跑，或者一口气看完 10 小时的电视连续剧……现在呢，下班之后就匆匆忙忙往家赶，半路上还要想想给宝宝买点什么，回家以后要洗堆成山的奶瓶，租来的电影要分 N 次才能看完，半夜要给宝宝喂奶，周末7点钟就要睡眼惺忪地爬起来应付那个精神抖擞的小家伙……原来，结婚可不是搬了新房子、两个人住到一起这么简单，生活中多出一个宝宝，杂事繁事立刻多了起来，两个人的磕磕碰碰也就难免了！让马飞苦恼的是，以前两人有了争执，大不了冷静两天不见面，现在不行了，谁也放不下小宝宝，结果矛盾就变成"一波未平，一波又起！"

对王进来说，二人世界被宝宝打乱倒是在意料之中，最吃不消的，却是岳父岳母对自己的偏见。虽然看在宝宝的份上，岳父岳母表面上接纳了自己，实际上，考验还在后面呢！岳父岳母一致认为，王进的宝宝策略是小人之举，更加证明了他居心不良！因为带着"有色眼镜"，老两口怎么看女婿都不顺眼，也就难免在女儿面前抱怨几句，长此以往，姗姗没意见也变得有意见了！为此，王进和姗姗没少吵架，本来心心相印的两个人渐渐有了隔膜。

境遇最糟糕的是小璐，虽然已经结婚了，却没有得到一个合格的丈夫。赵海本质上还是一个小孩，对家庭根本没有责任感，每天除了上班就是打游戏，其他的事情一概不理。在小璐怀孕期间，赵海没有陪她去过一次医院做产检，小璐临产的时候，他还在玩游戏，最后在父母的催促下才来医院。现在孩子快一岁了，每天只能看见爷爷奶奶和妈妈，对爸爸基本没有概念，小璐满腹委屈也无可奈何。离婚？公公婆婆摆明了要留下自己的孙子，不离婚？在这样的婚姻虚壳里不知道自己还能支撑多久！

解决方案：不要忽略自己真实的感受

匆匆忙忙地"先上车，后补票"，静坐下来却发现搭错了车，怎么办？不是不想承担责任，为什么仍然觉得不幸福？为什么小宝宝会带来一连串的麻烦？……在奉子成婚后的生活中，这些年轻人的问题恐怕不止这么多。事实上，也有数据表明，在所有的婚姻幸福和夫妻关系稳定的家庭里，奉子成婚型的婚姻占的比例最小，而在不稳定甚至已经解体的婚姻中，这种类型却占有不小的份额。

由此，读者或许抱有这样的疑问：为什么奉子成婚型的婚姻有较高的不稳定风险？同样是奉子成婚，为什么有人可以从婚姻中得到幸福，有人却只能黯然神伤？特别对于现在年轻人来说，问题会出在哪里呢？

◎为了宝宝我愿意选择毁姻

也许对于现在年轻人来说，宝宝在某种程度上指引了自己生活的方向：我不知道自己想要什么，现在有了宝宝，人生就变得清晰起来，有了努力的方向，这总没有什么错吧！况且，宝宝是上天赐给我的礼物，是无辜的！

"宝宝是无辜的！"这是很多准爸爸准妈妈选择结婚的理由。在他们看来，奉子成婚表明了一种态度，至少，比那些生了不养或胡乱堕胎的人要强得多。乍听起来，这种说法似乎很有道理，仔细分析，这句话其实暗示了婚姻的非自愿性——宝宝是硬道理，为了宝宝我愿意选择婚姻，我自己的真实感受可以不被顾及！

其实，在孩子身上倾注自己的感情和精力，这是人类的天性，本身无可非议。但问题是，要想达成幸福美满的婚姻，就必须把握好自己、伴侣和宝宝的感情平衡。毕竟，婚姻生活是人生中极其重要的一部分，如果忽略了自己的真实需要，以牺牲的态度勉强维持，怎么可能得到幸福呢？如果把情感空间过多腾给孩子，没有给伴侣一个合适的位置，如何缔造美满和谐的家庭环境？如果只是给了宝宝一个名义上的家庭，却不能给他完整的父母之爱，宝宝如何健康成长？这岂不是与你的初衷背道而驰？这样的结果往往是，选择的人既不适合做孩子的爸爸（妈妈），又不适合做自己的伴侣！

在整个事件中，宝宝是最弱势的群体。一个尚在腹中的胎儿，没有能力要求父母做什么不做什么，只能被选择和被承担。如果现在年轻人的心智足够成熟，不会仅仅把奉子成婚进行形式上的简单复制，还会进行内心的约束和考量，因为他们知道，对宝宝最公平的做法就是首先对自己公平。而那些身体领先灵魂、心理上还不够成熟的年轻人，甚至连自己都照顾不好，在手足无措中选择了结婚，以为这样就可以扭转局势，却忘记了自己根本没有相应的承担生命的能力，最终，不但拖累了自己，也耽误了孩子。

◎败给了自己的错觉

有这样一个笑话，说有个很懒的男孩，书念得不好，又无心工作，父母双亡后，家里只剩下一头母牛，男孩每天就榨几瓶牛奶，拿去市场卖钱维生。他对生活的要求不高，如是者竟过了10

年。10年后的某天早晨，已变成青年人的男孩，又如常在替母牛榨奶，谁知母牛眼泛泪光，竟然哭了起来。青年人很是惊讶，便问母牛为什么哭，母牛哽咽着说："你……你……榨了我10年，也……也……没有……说过……你爱我。"

很明显，男孩的出发点从来是牛奶，他做梦也不会想到母牛会期待爱。母牛却一厢情愿地认为，男孩跟她相依为命10年，不会一点感情都没有吧？对于这个故事，听上去滑稽，却反映出时下不少男女关系的错误期望。

对于现在年轻人来说，同情母牛的遭遇，嘲笑她的痴心妄想是一回事；类似的事情发生在自己身上，拒绝相信事实，宁愿相信自己是例外的一个又是另外一回事。很多年轻人奉子成婚，却与幸福失之交臂，其实就是败给了自己的错觉。

例如在性行为的认识上，在性观念相对开放的现在社会，很多年轻人都会在爱情中加入性行为，并且产生"性行为可以帮助我控制对方"的错觉。更有甚者会选择同居，以为同居就是往婚姻的方向迈进了一步，至少也是换取婚姻的筹码。而实际上，灵魂背叛身体并非不可能的事，如果对方不爱你了，执意离开你，甚至他（她）榨取的只是性，在道德之外，性的力量是多么微弱！还有很多年轻人承认，在选择同居的时候，自己并没有清醒的认识和严肃的思考。只是在得过且过的同居长跑之后，他们才想到给这段迷迷糊糊的爱情一个交待。这种情形之下，如果一方认为水到渠成，不知对方却想着逃之夭夭，等到真相大白，未免损失就太过严重了！

而对于那些认为"怀孕可以博取婚姻，结了婚，一切都会好起来"的年轻人来说，错觉较之前者更加危险了！当然，如果双方情投意合，感情到了，奉子成婚也是皆大欢喜的事，怕就怕，对方心不甘情不愿，宝宝反而成了逼婚的绳索，这样的婚姻即使达成，也是没有感情和责任的虚壳，幸福又从何谈起呢？特别是未婚的年轻妈妈，自己异想天开，以为对方至少会给宝宝一个合法的身份，却不知，对某些人而言，责任感不会比个性中的自私更强大，即使他因为宝宝娶了你，也不意味着他会给你更多，特别是那些你想要的东西！换到男孩的角度，对方即使因为怀孕嫁给你，也不意味着她在感情上接受了你，很可能，你不过是宝宝的爸爸而已，而她绝大部分的感情位置都会留给宝宝！

错觉有时源于无知，有时是因为误会，有时却只是拒绝相信。无论如何，下面的小问题或许可以帮助你廓清错觉，想清楚自己的位置，明明白白地走下去：

★双方是否有当妈妈（爸爸）的心理准备？

★双方是否具备负责任的条件（特别是心理成熟度和经济条件）？

★双方是否相爱，是否有共同生活的认知？

★双方都能接受对方家庭，并且被对方家庭所接纳吗？

说到底，因错觉而选择失误，最终引致生活的不幸，损失的绝不仅仅是"面子"问题，毕竟，生活的失误或许能得到人们善意的宽容与谅解，却未必能得到生活本身的宽容和善待。奉子成婚的方式，看似方法简单，易于操作、复制和推广，实际上对实践者的素质有更高的要求——事关一对年轻人和孩子的未来，要具备的条件何其多，岂是一场婚礼就可以"蒙混过关"？

2

叛逆与自私引发的婚恋观

　　"我自己的小宇宙都没有完成，怎么可能去完成大宇宙？"这种"爱自己"的思想也是新时代男女的重要标签，它伴随着强烈的叛逆色彩，极大地撼动了传统的婚姻观念。而现在年轻人的婚姻，正是上述精神的融合，体现了新时代反习俗和不愿意随声附和的一面。正是这些年轻人，不能忍受任何束缚，并且有极强烈的颠覆欲望，却也因此造就了民主的风格。

婚恋观 7. 第三类单身

　　什么是第三类单身，这是一种有趣的减法，是一种减下来的数不知到哪儿去的减法。1982 年，法国进行全国人口统计，获知从 1975 年以来同居的法国人人数增加了 6%，与此同时，结婚成家的法国人人数下降了 19%。从表面看，这没什么可奇怪的，问题是，那 13% 的差额人数到哪儿去了？他们年龄超过了 25 岁，既没有结婚，也没有同居，难道他们都是坚定的独身主义者，准备一辈子冷冷清清地过日子？

　　事实当然并非如此。这些成年男女之所以不结婚也不同居，是因为他们倾向于另一种生活——Solo（原意是独奏、独唱）。所谓 "Solo"，就是不结婚，不同居，而与一名固定的、忠诚的异性保持密切关系，同时依然各自生活的单身男性和女性。他们就是不愿意与恋人生活在同一个屋檐下，而宁愿牵着共同的爱情各自单飞。这种生活方式在英国被称为 "分居共过"，在法国被称为 "半同居"，在中国，叫 "第三类单身"。

将单身进行到底

　　小相和小蔡是一对年轻的 80 后恋人。具有年轻人身上一些共有的特点：他们喜欢泡吧、蹦迪、K 歌，喜欢尝试所有新鲜的东西，可是，就在朋友们纷纷选择结婚或者同居的时候，他们却不肯往前迈一步，他们宣称要将单身进行到底。

　　将单身进行到底？按说，小相和小蔡都是来北京打工的外地人，恋爱也谈了两三年，也到了谈婚论嫁的年纪，一场婚礼似乎是早晚的事，另外，同居也可以节省经济成本……可是，两个年轻人偏偏各自寻了一处"私房宝地"安营扎寨，就是不肯"资源共享"。

　　那么，他们为什么还要选择单身的生活呢？小相这样说道：

　　"我是个事比较多的人，每天早上起床都要在浴室里泡半个小时，出门前要抹日霜、眼霜、修护液、防晒霜、颈霜、护手霜、润唇膏，还要经历繁琐的化妆程序；晚上睡觉前又要重复一遍，手脚都要套上棉质手套袜子呵护，每天还要做不同的面膜。我谈过的男朋友，开始对此都很好奇，后来，他们无一例外不能忍受我的生活习惯。"

　　"男孩子受不了我，我也受不了他们。想一想吧，早上怕他迟到，闹铃震天响，卫生间不知道谁先用，还得照顾他出门；晚上刚有了睡意，他就在门口摁门铃，走路带风，还问我有没有给他准备宵夜；我睡觉很轻，稍有动静就会醒，万一他睡觉打呼噜呢？这一些，想想就可怕。"

小蔡也说："我最受不了这样的女孩子，才刚刚约会了两三次，她们就背着行李愉快地占据了你的房间。从此，我的家具全部被挪了位置，我的衣服被从衣橱里清空，我的音响里放着她喜欢的音乐，我的电脑里存着她喜欢的电影。我想玩会游戏可她想上网，我想看武大片可她却想看韩剧，我想睡觉可她让我陪她说话……两个人的生活纠缠在一起，所有的激情都被繁琐的生活磨平了！可是现在呢，一个人过得有滋有味的，想怎么着就怎么着，多自由啊。"

小蔡还提到，他们都不想在感情上掺杂其他的因素，比如经济："上个月我家买房子，我拿出一笔积蓄给爸妈，妈妈说，'你要不要问问小相的意见？'我笑了，这就是单身的好处，给父母钱，不用跟谁商量，不用看谁的脸色，要是我们同居或者结婚了，再这么做肯定很难。"

所以说，世上总有适合你的那个人，小蔡和小相他们俩简直就是珠联璧合，他们都喜欢独居，都讨厌被打扰，都不能忍受被对方无形控制的生活。他们称自己是放单的恋人——每个人都有自己的朋友圈子，自己的兴趣爱好，自己的经济支出；但又给对方留一方精神空间，留一份牵挂。小蔡说他们很固定地约会，有时也到对方家里过夜，给爱情一个欢畅的空间；他们过着所有恋人们经历的生活，但谁也没有为对方付出更多……

第三类单身

　　不管现在年轻人是否听说过"第三类单身"这个说法，但他们中的很多人却正在过着 Solo 的生活。上面案例中的小相和小蔡就是过着这样的生活。如果现在年轻恋人不再把"最后的防线"设定在婚姻之内，如果他们将"性"作为恋爱生活的正常组成部分，如果他们还没有结婚的意图，也不打算同居，这不就是事实上的"Solo 一族"吗？

　　现实也为这些年轻人提供了 Solo 的可能。首先是学习年限延长，就业年龄推迟，等到这些年轻人想起来结婚大事往往已经过了国家规定的晚婚年龄；同时，经济改革所做的一系列调整，比如教育系统产业化和福利分房制度的取消，使得他们结婚成本大为提高，整个社会转型所带给婚姻家庭的影响，正在日益朝着不奖励结婚的方向行走；另外，繁荣的经济也意味着现在年轻人必须工作得更加辛苦和努力，他们忙于爬社会的阶梯，单独生活也就成为一个值得考虑的选择。

　　"宁静对我来说是种可望不可及的奢侈。"一个在媒体就职、每天的工作就是专门跟人沟通的年轻人如是说，"工作太忙了，我甚至连享受孤独的时间都没有！"对于这些超过了晚婚年龄的，还尚未打算成婚的年轻人而言，如何才能既满足与丘比特的正常联络，又不占用有限的时间和不多的空间？自然非 Solo 莫属了！

或许人们对于真爱的渴望从来没有像现在年轻人这么强烈，同时，渴望真爱的人们也从未像现在年轻人这样对对方如此苛求。当生死契阔、与子执手、与之偕老的婚姻依然是人们憧憬的最佳境界，而现实的婚姻却总有诸多的欠缺和不完美，现在年轻人不惮于为婚姻再打上一道缺口，来成就他们对理想真爱的追求。

她的坚强能挡得住他的离开吗

"小相，该起床了！"早上，小蔡的声音在小相的耳边响起，别多心，他们并没有同居，这不过是小蔡特地为小相录制的手机闹铃。

小相半眯着眼，摸着将手机摁掉，又转过身睡了一会。赖床半小时后，她懒懒地从床上做起，顺手拉开窗帘。天气真好，阳光真好！今天是周六，是她和小蔡约会的日子，不知不觉又一周没有见面了，她突然很想念他……

又是早上那一套繁琐的程序，洗漱、化妆、换衣服……今天心情很好，更要穿得漂亮些……

一个小时后，小相端着早餐打开电脑，习惯性地查看邮箱，研究每天的运势，上 MSN。小相打算跟小蔡说说即将到来的长假计划，朋友们组织自助游，小蔡或许有兴趣。可是 MSN 上小蔡的头像是灰的，他的博客也好久没有更新了……这个家伙，最近好像变得很懒，短信不发，电话也不打，不知道是不是出差了，要是出差，总会告诉她的吧？小相有一丝不祥的预感，虽然网上说今天的运势不好，但她没有往坏处想，好歹在一起两年半了，他们的爸妈还催着结婚呢。

想到这些，小相决定提前出发，给小蔡一个惊喜。以往周末小相都是不理不睬的，等小蔡打来电话才约见面的时间地点，今天小相想扮演贤良淑德，让小蔡高兴一下。

于是出门，去地铁站，到站，上楼，取钥匙，开门……

小相愣住了，钥匙打不开锁。

"轰！"小相的脑袋涨了一下，"他换锁了？怎么不告诉我呢？"小相掏出手机，拨入那个滚瓜烂熟却不怎么打的电话号码，一个很机械的女声传出来："您拨打的电话已停机……"小相的手提包一下子掉落地上，"他离开我了……"

小相木然地回想小蔡的其他联系方式，这才发现，她连他最近在做什么都不知道，她只听他说最近换了工作，是什么工作她也没问，她认为，如果小蔡想告诉她，他会自己说的。小蔡的朋友她倒是认识几个，但都没有留下联系方式，就算知道了，人家连锁也换了，没必要再找上门吧！

一小时以后，小相回到家，阳光仍然温暖明媚，可是她却觉得一阵阵发冷。她干脆站到淋浴下面冲，以前遇到伤心事她就是这么做的，当水从头倾泻而下，就分不清是水还是泪……洗过了澡，她还是那个自信开朗的小相……可是今天，再热的水也暖不了她冰凉的心，小相觉得一阵眩晕……

小相病了。躺在床上，她想不起可以找谁来照顾她。曾经她最自傲的，就是不做小鸟依人，小蔡也说，他最欣赏她独立的个性，可是也正因为此，两个人总是淡淡的，小蔡有时也埋怨，他觉得不被关注，他们的爱越来越没有了味道……难道就是因为这个，他不声不响地就走了？反正他知道，小相很坚强，足以担当得起他的离开……

解决方案：抓住内心实实在在的幸福

即便不用"存在即是合理"来解释，Solo 的生活方式看起来也没什么不好。这种相爱却不相扰的关心似乎成全了人们对爱情的一切展望：享受爱情，又不抛弃单身的乐趣；生活中的一部分与人共享，同时又给自己留下充足的空间。Solo 属于理智果断、思想独立的新时代，恰好被崇尚个性与自由的现在年轻人所用。

但是这个世界上总有一些事情，一半是海水，一半是火焰。当小相看似完美 Solo 生活嘎然而止，给她带来难以言说的创伤，关于 Solo，我们似乎有些话要说。

◎传统婚姻过时了吗

在前面，我们列举了很多关于现在年轻人婚姻问题的案例，分析结果一再表明，很多年轻人之所以在婚姻问题中遇到很多矛盾和困惑，是因为他们的心智还没有达到充分成长。因为这份不成熟，衍生了他们对婚恋的诸多误解，其中最深的误解大概就是：如果我们彼此相爱，你就要照顾我的成功快乐。

其实每个人都要经历一段"心理断乳期"，现在年轻人也不例外。在这期间，要学会放弃对父母的依赖，从父母的怀抱中走出来，培养出自己的力量，独立地去创造自己的人生。这段"心理断乳期"如果缺失，或者没有进行到底，这些年轻人就会在今后的人生中怨天尤人，把自己的失败归罪于伴侣。所以我们再一次提出，如果现在年轻人想要拥有完美的婚姻，就必须做到两个条件：对伴侣没有要求；并且自己照顾自己的生活。

说到这里，可能很多读者会奇怪了：既然如此，solo 不是最适合的选择吗？两个人相爱，又各自为政，不正契合了这两个条件吗？既然如此，要婚姻干吗？

事实上，这正是我们接下来要谈到的。爱一个人，诚然没有给你要求对方的权利，但却给了你为对方付出的权利！这也正是爱情的伟大之处——因为有了爱，我们可以互相为对方做很多事，因此自己也就得到了更多！这就是"1+1>2"的理念，也就是所谓的协作增效。对现代人来讲，繁衍后代并不是婚恋的唯一目的，爱情乃至婚姻发展到现在仍然鲜活的原因恐怕就在于此。

婚姻无疑是一项投资。但或许是你做过的最明智的投资。它是一种滋养型的伙伴关系，身处其中的任何一方都能感受到关心与支持的力量。如果想要得到满意的婚姻生活，诚然需要付出时间与精力，但这种投入的回报却是无价的。solo 或者同居能够带给你如此丰富多彩的生活吗？恐怕很难。婚姻的契约性带来了稳定，也把两个人从精神上统一起来，就像一个稳固的团队一样，拥有了个人所不能及的力量。有一个古老的故事：

年轻的男孩向女孩求婚，但是却遭到了拒绝。女孩说因为她不想嫁给一个瘸子。男孩却说："在天堂里我们原本是一个灵魂，上帝让我们一分为二到达尘世。上帝本来想让你成为瘸子，但是我很不忍心，所以我请求他让我变成瘸子，上帝同意了。"于是男孩和女孩结成了夫妻，他们果然生活的很幸福。

或许现在年轻人不能肯定对方就是自己要找的"另一半"。然而关键其实在于，你是不是想让对方成为你的另一半？如果你最讲究的是寻求自我，害怕失去什么，对方又怎么肯为你付出呢？结果，你不愿意放弃单身生活的优点，实际上你也放弃了让两个人共同成长与获得的机会！甚至，你有没有想到，其实很多时候，当感情到了，你已经在不知不觉地付出了，可是你们的关系却等于宣告了你放弃享受对方付出的机会。像小相这样，分手是可以干干脆脆，在经济等方面清清楚楚，但感情上恐怕是剪不断、理还乱了！

◎婚姻与自由的关系

虽然我们用了很多的篇幅来阐述，美满的婚姻会为生活增添色彩，但是也并不表明，婚姻是现在年轻人唯一可选的生活方式。事实上，不管 solo、同居还是结婚，都是现在年轻人的个人选择，特别在强调个性与自由的新时代，这些年轻人若认为自由比婚姻更具吸引力，我们说得再多只能是苍白无力。只要他们因为自己的决定而使人生有更多的成功快乐，谁也没有资格进行批评。

但是我们或许可以引导现在年轻人找到新的角度去看问题。比如，婚姻与自由的关系，只有孰是孰非的判断吗？把眼光放深远一些，就算婚姻是以自由为代价，那么自由的成本是什么呢？很多现在年轻人为了保持自由，不顾自己的感情如何升温，咬紧牙关要一个人过日子，这样对爱情有没有影响呢？试想，他们维系爱情的机会少，彼此了解的机会也少，没有婚姻，孩子也无从谈起，仅凭借隔三差五的相聚，这样的爱能维持多久？诚然，在感情浓烈时，"一日不见如隔三秋"，距离反而吊足了胃口，可是感情总有变化期，当最初的兴奋悄然溜走，怎么办？所谓"少年夫妻老来伴"，如果你突然怕孤独了，对方却不愿意守在你身边，怎么办？

对于自由的追求带来感情的低稳定性。你们可以共同分担寂寞，实际却是互不搭界的两个人。你不可能跟对方一起计划未来，而只是自由地承担自己的梦想。所以，对方随时可能从你的生活里消失，你可以承担；当挫折出现，年老来临，你还是可以承担……你是个性飞扬、果敢独立的新人类，可是，这样会不会太辛苦了？

实际上——正如我们在前文所谈到的——结婚诚然是以一部分自由的丧失为代价，但你得到的回报可能更多。最关键的是，结婚并不意味着失去对自己命运的驾驭。其实，自由和纪律是相对的。如果说婚姻意味着一种束缚，那么这种束缚却恰恰可以给你秩序和稳定，让你的灵魂不再孤单，让你有可能实现那些单飞时不可及的梦想！如果你有信心能够照顾自己的人生，何妨不给自己多一次的机会？给爱一次说一不二的坚定，给自己和对方一份沉甸甸的承诺，不管将来感情的走向如何，至少现在，你抓住了内心实实在在的幸福！

婚恋观 8. 以结婚的方式宣告新的人生

　　成长是一种令人喜悦与振奋的事，它是生命的融通与提升，同时也是人生另一种诠释与蜕变。我们一方面觉得已经长大了，可以独立自主，但一方面仍需要依赖父母生活；在心理方面希望走向独立，但又期待依附在父母身边。此种进退维谷的情怀，造成身心方面的彷徨与焦虑。对亲情、友情、爱情有憧憬也有疑惑。

　　此时，对于迫切地想要独立生活、展开自己飞翔翅膀的现在年轻人来说，父母一厢情愿地付出反而演化为一种束缚。"父母的爱就像'茧'一样包围着我们"，现在年轻人如是说，"你能忍受所有的个人意识被剥夺，自己只是一个实现家长理想的载体吗？"正因为此，即便体会到父母的良苦用心，现在年轻人也拒绝为了家长的理想而做出不情愿的选择和牺牲，然而这种反抗，却往往被父母包装成"不听话"、"不懂事"甚至"不孝之子"。父母们在爱的名义下做了太多与爱无关的事情，这份爱，既带来了温馨、关爱和眷恋，也带来了现在年轻人的亏欠和无奈，成为他们推卸不了的血缘，也成为现在年轻人心理矛盾的根源。

　　然而，现在年轻人太渴望逃脱亲情的藩篱了，为了避免由此而出现的纠葛，他们必须选择一种冠冕堂皇的方式，高明地逃离父母。于是，婚姻作为大多数年轻人的必由之路，理直气壮地提前出炉了。希望以结婚的方式宣告新的人生的开始。

父母的爱让我想逃

　　茜茜刚刚毕业于北京某所高校，本来一切还算顺利，找工作、面试、一家挺不错的企业已经向她发了录取函。可最近她却陷入一场苦恼中。

　　"父母希望我回到他们身边。"茜茜说。在父母看来，在家乡人脉关系广，发展前景要比茜茜现在的城市广阔的多，茜茜也不必吃那么多苦。并且爸爸已经为茜茜找了一份待遇更加优厚的工作。茜茜却想留在这里闯一闯，毕竟自己已经长大了。

　　茜茜的很多同学都有类似的苦恼。"我非常想独立，可是父母总想包揽我的一切，对我总是要求与命令，从不考虑我的感受。"好朋友小青说。对此，茜茜也有同感："父母爱我胜过一切，我说想留下来，妈妈却说我不要她了。"

　　在与父母一段时间冷战之后，茜茜最终选择了妥协。"我并不喜欢爸爸找的那份工作，那不能发挥我的专长。"茜茜的专业是经济学，爸爸却让她搞文字工作，"我从小就不喜欢作文，爸爸却说我没出息，还说女孩很适合做这个工作。"

"爸爸说我不听话，不懂事；妈妈说我是个不孝的女儿。"父母如此强烈的表现，是茜茜之前没有预料到的。一直都是乖乖女的茜茜，不愿意看到父母如此伤心，对自己也产生了怀疑。"我真的做错了吗?"茜茜满腹委屈地回到了家乡。

然而，妥协才刚刚开始。"在家里，父母还是把我当成小孩子。"茜茜只要稍微晚回家，你母会着急得到处找；跟同事吃个饭，父母总要盘问半天；交了一个男朋友，因为对方家境不好，父母极力反对，想方设法地拆散了他们……

"我觉得自己很委屈，总是迁就父母，牺牲自己。我没有自己的空间，父母的眼睛就像监控器，恨不得连我的思想都要包办，我真的快要窒息了!"当茜茜发现自己的付出并没有换来父母的理解和自由，她选择了结婚作为逃离。"我不想伤害父母，结了婚就可以名正言顺地从家里搬出去。"茜茜的丈夫是父母挑选的，家境也不错，成熟稳重，茜茜几乎没有经历恋爱就把自己嫁了出去。

结婚意味着真正的生存

像茜茜这样的情况，在现在年轻人中并不少见。以独生子女为主现在年轻人,他们的成长环境和之前的几代人大不一样，从父母那里得到的期待也完全不一样。他们不仅是父母宠爱的焦点，还凝聚了两代人三个家庭的期望，长辈们把所有的爱都倾泻在他们身上，在长辈们的眼中，即使已经超过 18 岁，也不过是一个大孩子，仍然需要大人全方位的关心与谋划。

对于这些想独立，又不想背上"不听话、不孝"的年轻人，此时选择结婚也算是对父母有个交待。如果结婚对象合乎父母心意的话，这些年轻人的选择可谓皆大欢喜：即争取了自由，也保全了孝心。只是那些兴高采烈地为他们准备婚事的父母或许没有意识到，自己的孩子正在以结婚的方式宣告新的人生。"对有些人来说，结婚是青春时代的结束，对我来说，这恰恰是个开始。"茜茜坦然地说，"结婚意味着新的环境，新的起点，一个自由自在的新空间。"这何偿不代表很多年轻人的心声呢？

婚姻真的可以开始新的生活吗

茜茜满以为，通过婚姻可以开始新的生活。虽说丈夫是父母选的，但各方面条件都不错，最重要的是，他待人亲切、慷慨大方，跟他相处，茜茜体会到了前所未有的轻松。

约会才一个月，对方就向茜茜求婚了，那一刻，茜茜激动极了，不是因为找到了白马王子，而是因为她终于可以从父母的"囚笼"里逃出去了。

但是婚后的情形，并没有茜茜想象的那般完美。例如，茜茜是个非常爱整洁的女孩，丈夫却是一个不太注意生活细节的人，每天早上从鞋柜里拿出一双鞋穿上，晚上却从来不记得放回去，过一星期，所有的鞋都跑到地板上；他也不擅长做家务，茜茜出差回来，衣柜里的衣服全散在沙发上，地板上也粘了一片片的污渍……因为丈夫的这些习惯，小俩口不知道吵了多少次，可是每一次都是不欢而散，谁都说服不了对方。

两个人的矛盾尚能应付，最让茜茜吃不消的，是与丈夫家其他成员的相处。丈夫家是个大家庭，内部有很多勾心斗角的纠缠，如何与公公、婆婆、姑姑、叔叔，以及形形色色的人打交道很是让茜茜心力交瘁。这比与爸妈打交道麻烦多了！更令茜茜始料不及的是，公婆很快就提出让她生孩子。

茜茜自己还是个孩子，她不能想象自己马上升格为母亲的模样。她还有很多事情想做，还没有好好透透气呢，她可不想过早陷入当妈妈的麻烦里。或者说，她结婚才不是为了当妈妈呢！连为人妻的责任和义务她都没有准备好承担，怎么可以去照顾一个婴儿呢？

眼前的一切都让茜茜有些灰心。婚姻不是两个人的事吗，为什么现在却变得这么复杂？以前只是面对父母两个人的唠叨，现在却要应付一家大小的牵制，丈夫又大大咧咧，帮不了自己什么……她期待中的自由在哪里呢？茜茜提出离婚，但是立刻遭到父母的一通斥责，最终她还是撤诉了。

解决办法：面对现实，平息冲突

新时代是变动与改革的时代。很多人都有过这样的时候：对乏味的现实感到不满，迫切地想要改变，并且也有勇气实现了改变，然而结果却与期盼的不一致——或者跟以前差不多，只是换了一种麻烦的方式，或者更糟。在这种情况下，人们难免会异常失望，幻灭感、挫败感油然而生。问题究竟出在哪里呢？是选择的错误，还是没有为选择做出真正的努力？其实，有经验的人们知道，这并不算什么。生活本来就是嬉笑无常，喜欢跟追求理想的人开玩笑。所谓"塞翁失马，焉知非福"，有时让人失望的事情反而是最好的礼物，只看你有没有智慧发现罢了。

这里说的智慧，其实是一种积极的生活态度，是换个角度看世界的技巧；是认真地对待当下，而不把它当作现实行为失败的补偿。但这对茜茜们而言可能很难，因为他们很容易对生活的讽刺报以逃避的态度，他们的生活似乎总是在别处，而现实与理想之间的缺口却足以让生活中的欢乐和爱逃之夭夭。

◎别让别人对你的情绪负责

茜茜有太多理由证明自己是不快乐的。"你不知道我经历过什么。我一直都在忍受这些莫名其妙的烦心事！"看起来，茜茜的确处在一个非常不顺利的环境中：父母施加了太多的控制，丈夫对自己不管不顾，公婆一心想抱孙子，小姑、叔叔脾气古怪……可是，这些因素真的强大到能够摧毁茜茜的幸福吗？一次跟丈夫吵架的时候，茜茜伤心地说："你根本不是我想嫁的男人！"丈夫却凝视着她，苦笑着说："我从来就不是。"

"我从来就不是！"丈夫的话让茜茜冷静下来。她不由得联想到了自己。在自己成长的过程中，不也一直存在这种困惑吗？父母对她寄予莫大的希望，对她严格要求，甚至把自己的想法强加于她，不就是希望茜茜能够成为他们心中的"完美女儿"吗？但是茜茜只想做她自己！有多少次，她内心的声音在说："这不是我想做的！"也正因为此，她才不顾一切地想要逃离父母身边！

但是现在，茜茜却把自己的梦想强加在丈夫的身上，想当然地认为丈夫就应该成为自己幻想中的对象，当幻想破灭，丈夫就成了罪魁祸首，第一个被指责的对象！不仅仅是丈夫，公婆、小姑、叔叔，不都是如此吗？他们只是在忠实地做自己，但却因为不符合茜茜的想法而备受指责。简言之，他们从来就不是茜茜幻想中的人，而只是被寄予厚望的替代者！事实上，除非他们愿意，否则就不需要对茜茜的快乐负责！

茜茜发现自己正沉迷于一种"找借口的游戏"里。周围的人成为她不如意的借口，成为她逃避自我的挡箭牌。她让自己扮演无辜的受害者，也就理所当然地发泄出所有的抱怨和愤怒！她从来不对自己有所指责，却让别人对自己的情绪负责，其实根本是自己无法掌握自己，把快乐叫人摆布！

当茜茜意识到自己对生活的不满，是因为自己的某个环节出了问题，她打消了屈从的念头，也不再轻言放弃，转而开始思考应该采取什么态度，才能从根本上提高自己的生活质量。她的答案是：与其花费精力改变别人来让自己幸福，不如把快乐的权利放在自己手中。现在的一切都是自己选择的结果，只有自己能够对它负完全的责任。

◎ 把快乐的主动权收回到自己手中

当茜茜把快乐的主动权收回到自己手中，她发现原来自己有很多事可以做。例如，茜茜主动与丈夫进行了一次长谈，为了保证交谈的质量，她还特地把地点选在了一家环境优雅的咖啡厅。让茜茜感动的是，丈夫对茜茜的做法给予了真诚的配合，使交谈取得了很好的效果。"那一天我们都敞开了心扉，说出了自己的心里话。"茜茜说，"原来我们对生活的态度是如此相似，似乎从那天起我们才真正地了解对方，爱上对方。"

在重新审视自己的婚姻以后，茜茜发现了婚姻中的很多亮点，这使她觉得自己得到了一份意外的礼物。这是主动心态送给自己的礼物！茜茜对自己说。她仿佛发现了一片新大陆，一方可以施展才华的新天地。看看这片新天地里都有些什么：

* 了解真实的自我。这也是我们多次阐述的道理。当茜茜明白了自己真正想要的、真正需要的是什么，她开始为自己选择正确的人生方向，而不是看扁自己，或者怨天尤人。

* 欣赏和认可其他人。有句话说："如果你希望别人怎么对待你，首先就要怎样对待别人。"反过来，谁都不希望别人天天挑自己的小毛病吧？

* 要问"为什么不"而不是"为什么"。为什么不去主动出击呢？积极的态度会带来奇迹！

主动的改变自我不是简单的阿 Q 精神。事实上，当我们自身发生变化时，周围的人们也会根据我们的行为方式，来调整他们的反应和选择。当茜茜调整自己，努力让自己成为丈夫的最佳伴侣，她的做法也得到了丈夫家人的赞许，茜茜惊讶地发现，丈夫的家人开始真诚地接纳自己了，茜茜的一份付出得到了多份的回报！

茜茜的一番苦心没有白费，她的婚姻终于柳暗花明。这让茜茜深深感慨，原来很多时候，逃避未必躲得过，面对反而是解决问题的捷径。面对现实并且平息冲突，并没有自己想象的那么难。可见，"现实"并不是"麻烦"的代名词，而是快乐的发源地，只需要有自省的精神和主动的沟通，幸福伸手可及。

婚恋观 9. 我的婚姻以我为主

原本相爱的两个人，为什么不能在婚姻中好好相处呢？为什么长时间恋爱都能彼此适应，一旦共同生活便水火不相容了呢？那么这些问题，真的是现在年轻人婚姻不可避免的顽疾吗？果真如此，小摩擦可就是大问题了！

关于现在年轻人婚姻"顽疾"，一个被普遍认可的原因是——现在年轻人太"独"了。婚姻家庭专家指出，这些作为独生子女的年轻人，自小被父母宠爱，生活中以自我为中心，婚后，很可能出现"我的婚姻我做主"，一个家庭出现两个"核心"，为琐事发生争执、互不相让的情况就在所难免了。

"公主"和"皇帝"结婚以后

"你知道吗，结婚后，我的生活整个都变了！谈恋爱时我们俩不是在外面吃就是到父母家吃，赵健也没说什么，可结婚以后却总说我不做饭。每天一到吃饭的时候，我们就开始吵架，真是没意思透了！"

"我们总是吃泡面、肯德基或者叫外卖。妈妈每次来我家，我们都可以吃到丰盛的午餐，我不知道小莹为什么那么排斥她。"

"婆婆没事就来我们家，不是教我这个，就是教我那个。在婆婆面前，我显得什么都不会，张健也开始觉得我笨。"

"小莹什么都不会做。收拾家务、做饭，样样'拿不起来'，我妈妈只好每隔一段时间就来帮我们收拾屋子。"

"我又不是他的保姆，凭什么要我照顾他？为什么他不做这些事呢？结婚之前，他在我爸爸面前拍着胸脯说，一定好好照顾我，不让我受委屈，可是一结婚就全变了！"

"我不是不想照顾她，开始我还能耐着性子陪她看漫长的韩剧，和她一起玩弱智的电脑游戏，帮她打扫满地的瓜子壳和食品袋，可后来就实在没那个心情了。我也有我自己想做的事情啊！"

"他总是想把我抛在一边，宁可去看枯燥的电视，也不肯跟我说说话，他还喜欢打游戏，一玩起来就是好几个钟头，难道这些无聊的图像比朝朝暮暮的老婆更重要？"

"小莹总是试图控制我。在这个家里，我找不到自己的位置，一切都得是她说了算，稍不如意就跟我发脾气。"

"我都是为他好啊！他抽烟抽得那么凶，我怎么可能视而不见呢？我也从网上买了菜谱，想学着下厨，可他随便翻了几页书，就说我肯定做不好，他请吃必胜客算了！"

小莹和张健结婚还不到一年，就已经经历了无数次争吵。在一次次剑拔弩张之后，冲突渐渐升级，原本相爱的两个人现在天天恶语相向，他们的婚姻似乎已经走到了尽头。难道婚姻真的是爱情的坟墓？可为什么父母们过了大半辈子还是和和美美呢？他们各自回家"取经"，父母们却说这些打打闹闹不过是小摩擦，没什么大不了的，不值一提。于是，他们又求助于已婚的朋友，没想到朋友们的苦水比他们还多，很多小夫妻没过完蜜月就萌生了离婚的念头……无奈之下，他们找到了家庭婚姻咨询师，为挽救他们的婚姻做出最后的努力。可是在咨询师那里，他们又忍不住吵起来。难道真的像别人说的，现在年轻人的婚姻无药可救了吗？说是小摩擦，为什么那么多人都是以离婚收场？

沟通不畅是婚姻的致命伤

表面上来看，小莹和张健之间并没有什么原则上的矛盾，不过是一些日常生活的小摩擦，根本犯不着"上纲上线"，升级到离婚的程度。可是，这对年轻人却实实在在感受到了小摩擦带给自己的伤害，这些伤害日积月累，就像肆虐的癌细胞，一步步吞噬着"爱"的细胞，让他们的婚姻变得脆弱、不堪一击。

他们也试图站在对方的角度考虑问题，可是他们发现很多问题不是忍让就可以解决的，有时效果往往适得其反。"难道我应该忍气吞声，换来家庭的平静吗？"

事实当然并非如此。如果在问题出现的时候只会忍让，用息事宁人换取和谐，并不会取得比争吵更好的效果！因为现在年轻人都是忠于自己、个性化的人，这种忍让出现几次，就会演化为"我忍了你很久了"的更为激烈的争吵，这对问题本身的解决没有任何帮助！

"您说的有道理，我的忍让就是纵容她的坏脾气！"当咨询师提到这一点时，张健深有感触地说。可是，张健的话却惹怒了小莹，小莹立刻反唇相讥："我怎么是坏脾气呢？有坏脾气的明明是你！你根本不懂得体谅我！"

"如果我不体谅你，怎么会不让你做饭，还请你吃必胜客呢？"

"那是因为你觉得我笨，什么都做不好！"

眼看两个年轻人你一言我一语的吵起来，咨询师反而找到了问题的出口。看来，问题不是出在"到底是谁脾气不好"上，而是出在两个人的沟通上！张健认为"请吃饭"是对小莹好的表现，小莹的感觉却恰恰相反；小莹认为"下厨"是对张健示好的表现，张健对此却没有反应！

沟通不畅是婚姻的致命伤，它能使好事变成坏事，小问题变成大问题。这在现在年轻人的婚姻中表现得尤为明显。为什么呢？因为这些年轻人大多是独生子女，在他们的成长过程中，有父亲、母亲这些长辈和同性的朋友陪伴，而很少有异性、平辈的人参与，所以，他们很少有机会同平辈的异性交流，也就很难形成顺畅的与其交往的行为模式！

其实，男性和女性的不同行为模式——有先天的原因，也有后天文化的影响。无论如何，女性更倾向于关系式的生活方式，她们强调社会交往和感受，并从中得到需求的满足，因此会在成长期培养情感能力；男性则倾向于提出建议和解决问题，并从竞争中获得需求的满足，成长期更多积累的是合作和解决冲突的经验。

很明显，男性和女性的行为模式是不同的，而现在年轻人成长期同辈异性的缺乏使得男性和女性之间的差异进一步加深。年轻男孩失去了从女孩那里学到情感交流的机会，年轻女孩也不明白男孩为什么总是冷冰冰地看待具体问题。往往他们的成长期经验是促使日后事业成功的财富，却恰恰成为婚姻生活的一大障碍！

一方面，现在年轻人习惯了以自我为中心，想当然地希望对方"嵌"入自己的生活模式；另一方面，因为缺乏行为模式的互通，他们既不能正确理解对方的行为，也不知道如何表达自己的需要，即使试图改变自己去迎合对方，这些想法也不能被对方所理解，甚至还会遭到歪曲！

看来，现在年轻人的婚姻问题并不是"小摩擦"这么简单，"小摩擦"的背后隐藏着他们对彼此的误解和难以实现的期望。正因为此，婚姻中的芝麻小事也会成为矛盾的导火线，而他们却觉得，总是在为同样的问题争吵不休。

陷入婚姻困境的年轻人不妨看看下面的故事，也许类似的故事你们也曾经历过。我们也希望借此进行分析，提出一些行之有效的建议。

为什么他（她）总不能体谅我呢

小莹和张健经常因为张健的朋友陈超争吵。

在小莹眼中，陈超是一个彻头彻尾的"小混混"，没有工作，不务正业，与女友同居又经常打架，每次吵得天翻地覆了就去酗酒，然后醉醺醺地来找张健，最后又瘫倒在张健家的沙发上。

小莹觉得，张健不应该交陈超这样的朋友，天知道陈超都跟些什么人来往，要是把张健带坏了怎么办？不仅如此，陈超还不把自己当外人，总是对张健发酒疯，把屋子弄得乱七八糟，小莹本来就不擅长做家务，要是碰到婆婆"查岗"，准又得挨一顿埋怨。所以，每当陈超又七倒八歪地躺在自己家的沙发上，小莹就觉得受到了威胁。

张健却不这么想。每次陈超来找他，他都会想起他们的少年时代，那个时候，张健的父母经常出差，每次都把张健托付给同事夫妇。同事夫妇对张健都很友好，他们的儿子陈超更是跟张健形影不离。陈超本性很善良，只不过读书时成绩不好，没有考上大学，做生意又被人坑了钱，感情也一直不顺利，所以这段时间比较颓废潦倒。张健觉得，自己有责任帮助陈超走出困境，小莹的做法，根本违背他做人的原则。

在陈超的问题上，张健和小莹不知道吵了多少次。每当小莹对张健提到这件事，张健就持保护朋友的态度，坚持说这是他自己的家，他想邀请谁就邀请谁。接着张健就会对小莹的唠叨置之不理。如果小莹在这件事上继续"纠缠"下去，张健就会开始反击，指责小莹，说问题都在她身上。

那一天张健回到家，小莹正在收拾陈超留下的"烂摊子"，看到丈夫，就忍不住指责起来。张健没有理睬她，反而看起了报纸。可是张健越不说话，小莹就越愤怒，最后，张健站起身走到其他房间，小莹也跟了过来。"嘿，你有没有听我说话？"

"我干嘛要浪费时间？"张健没好气地回答。

"你说这话是在什么意思？你总是不尊重我的想法！"小莹的反驳一下子勾起了张健的怒火：

"你总是要我做我不想做的事情，如果你想逛街，我就得陪着你，如果你想睡觉，我就得关上电脑，你有什么想法，我就得立刻执行，你从来没有顾及我的感受！"

"那你有没有考虑过我呢？"小莹也不示弱，"你想打游戏我就得乖乖地呆在一边，你想看球赛我就不能看连续剧，你的朋友每次都把家里搞得一塌糊涂，还不是得我来收拾！家里的事情你管过吗？"

"你才做了多少家务？家务活还不是我妈做的！你连炒鸡蛋都做不好，妈妈教了你那么多次你都学不会！"

"我是学不会，你去跟你妈过一辈子吧！"小莹顺手就一只枕头向张健飞过来，张健则把茶杯摔到地上。小两口吵吵闹闹了一夜，谁都不肯让步，每个人心里都充满委屈——那个爱我的人哪里去了，为什么他（她）总是不能体谅我呢？

解决方案：爱要有智慧

俗话说："相爱容易相处难"。两个人相爱，有时只需要一瞬间的火花碰撞或者某种心境的契合就够了，可是相处呢，却是长时间的考验。相爱的人们，眼睛里全是对方的好，心里满是相遇的惊喜，相处的人们，却更多的考虑现实，患得患失，不由自主变得挑剔起来。

同样是撒娇，在爱人眼里可爱无比，在挑剔的人眼里却是娇生惯养。所以有人说："你因为这个原因爱上我，又因为同样的原因嫌弃我。"爱和不爱都是不讲道理的，再炙热的爱也会因为连续不断的小摩擦而温度骤降，然而有智慧的人却懂得利用生活不断地为爱"煽风点火"。特别对享受独立的新时代人类来说，只有爱的有智慧，才能在婚恋中如鱼得水，倍感自在。

◎把误会解释清楚

在关于陈超的争吵中，不管是张健还是小莹的做法，都有很多欠妥当的地方。从争吵的开始，两个人就站在对立的位置上，用打击对方的方法来证明自己的正确。他们甚至还没有搞清楚对方的意图，就已经判断他（她）做的是错误的。

小莹的看法或许有失偏颇，但也有一定的道理。换在任何人身上，恐怕都不会欢迎一个看起来吊儿郎当的人频频造访自己家，还把家里搞得一团糟。张健的想法也有可取之处。毕竟是一起长大的朋友，而且陈超在困难时帮助过自己，张健希望能够报答陈超的义气，并且相信陈超的人格，这也是好朋友应该做的。可是，小莹和张健是不是互相了解对方的这些想法呢？当然没有！非但如此，小两口还彼此误解，想当然地认为对方是在跟自己叫板，也就"一厢情愿"地吵起来了！

事实上在一开始，小莹曾经试图跟张健表达自己的想法，但是她采用了指责的方式，以至于张健产生了"逆反心理"，连听都不想听。张健呢，非但没有表述自己的想法，反而上升到"我的地盘我做主"，使得小莹不仅不了解他的真实想法，而且更加误会了，以为张健是在排斥她在家里的地位。

当然，小两口的误会不是一天两天了，这是因为，他们从一开始就不能理解对方的行为模式，还把这些行为模式曲解为与自己的对立。这种误解日积月累，也就不难明白，为什么一件小事就会引发一场大战了！

小莹急着出门，让张健把洗衣机里的衣服晾出来，张健满口答应。但是小莹回家以后，却发现张健躺在沙发上睡着了，衣服还在洗衣机里。如果小莹对张健比较理解，她会想："张健最近太累了，他不是故意的！"然后自己把衣服晾出来，等张健醒来后，小莹顶多就此事开句玩笑，揶揄张健一下。如果小莹不能理解赵棋，可能会想："这个家伙，整天就知道睡觉，我让他做一件事情，他总是忘得一干二净！"她可能把张健从沙发上揪起来，跟张健大吵一架。

　　同样的事情，理解的角度不同，可能导致截然相反的后果。总是彼此误解，时间长了就会产生对立情绪，但是把误会解释清楚了，两个人都会觉得轻松很多，不会事事都往坏处想了。那么，怎么解决误会呢？其实只要简单的一句话："亲爱的，你想说什么？"站在友好的立场，本着解决问题的态度，相信对方也会静下心来把自己的顾虑和盘掏出。

　　小莹买了菜谱，想为张健做一顿晚饭，张健却翻了几页菜谱而后说："还是不要做了，烟熏火燎的，我请你吃必胜客吧！"这时小莹说："我在为你做晚饭，我以为这样做会让你高兴。你这样说会让我觉得我很笨。"张健听了妻子的话，恍然大悟："我觉得这本菜谱很难，我是不想让你辛苦，才请你吃必胜客的。你不是最喜欢吃比萨吗？"两个人互相一解释，都明白了对方的苦心，现在他们觉得，不管是自己做晚饭还是吃比萨都不重要了，对方对自己的体谅和关心比什么都重要。

　　关于陈超的问题，在两个人态度友好的前提下，如果小莹心平气和地对张健说出自己的想法，张健就会发现小莹的考虑有她的道理，自己的确忽略了妻子的想法；张健也会把自己的想法向小莹倾吐，小莹也会理解丈夫，同时修正对陈超的歧视。两个人不再各执一词，都认同对方的一些观点，问题自然也就好解决了。

　　所谓爱的有智慧，就是不让爱情消磨在那些无休止无意义的争吵上，而是在每一次误会中发掘对方出于爱的本意。"亲爱的，你想说什么？"是一个尤其适合现在年轻人的婚姻小招数。当然，聪明的年轻人会不拘于一种表达方式：

"亲爱的，你想说什么？"

"亲爱的，我的意思是——"

一个深情的拥抱，

一个友好的眼神，

一个体贴的微笑……

不管是怎样的表达方式，都包含了对伴侣的爱和希望认同的诚意，也把现在年轻人基于性别的不同表达方式一点一滴地传递出来。坚持使用这个小招数，就会渐渐熟悉对方的行为模式，生活中的磕磕碰碰自然也就少了！

◎ 小变化产生大效果

"亲爱的，你想说什么？" 简简单单的一句话，果真能产生如此神奇的效果吗？当然了！因为这句话改变了现在年轻人的很多习惯，从心态到语言都为年轻人做了适当的调整，虽然只是小小的改变，却让那些小摩擦"化敌为友"，反而增加了感情的厚度！

如果现在年轻人愿意尝试的话，拥有幸福和谐的婚姻并不困难。不需要牺牲、不需要委屈，只需以积极、友善和开放的态度，重新审视自己，做出一些小小的调整就好了！

比如我们重复刚才的一段对白，

张健埋怨小莹："如果你想逛街，我就得陪着你，如果你想睡觉，我就得关上电脑"；

小莹指责张健："你想打游戏我就得乖乖地呆在一边，你想看球赛我就不能看连续剧！"

小两口都认为对方不替自己考虑，同时呢？自己同样也做出了不体谅对方的行为。也就是说，他们都认为对方的付出是理所应当的！

　　或许在成长过程中，现在年轻人被给予的太多了，他们相信生活原本如此，因而很少对别人的付出心存感激。以致在婚姻中，他们也认为对方就应该了解自己的想法，体察自己的难处！当然，很多时候他们并不是蛮不讲理，只是不明白，为什么那个声称爱我的人却不为我着想呢？事实却是，对方在同一件事情上也有自己的考虑，也在等着你去迎合他（她）的感受而已！

　　张健和小莹谁都没有做到对方的要求，并因此受到了伤害。他们觉得自己非但没有得到对方的认可和接受，反而被责备、拒绝和否认了，他们甚至觉得自己被贬低了，就像活在对方的阴影之下！

　　或许很多现在年轻人的确在婚姻里有这种企图控制对方的想法，他们希望维持自己独一无二的"权利"，但事实证明，这种想法是不可能被婚姻所接受的。反而，一旦你愿意"放低姿态"，认同对方跟你的平等地位，却可能会有意想不到的收获。比如小莹想逛街，但她并不认为张健有责任陪着她，如果张健表示愿意陪同，小莹就会由衷地表示感激，而张健也会认为自己的付出得到了肯定；张健想打一会儿游戏，小莹就给自己找节目，除非张健对游戏上了瘾，小莹不会去打扰他，这样张健就会认为小莹给了他自己的空间，反过来就会用各种行动表示感激，这又会让小莹觉得受到了重视……

　　只是一句真诚的"谢谢你"，已经足以让伴侣体会到你的尊重和爱，足以让伴侣给自己打一个漂亮的分数，也足以让伴侣心甘情愿地为你多做些事！如同前文，聪明的年轻人也可以找到很多类似的方案：

无论对什么事情都表示出感激之情，养成说"谢谢你"的习惯，特别在你发小脾气之后，由衷地对伴侣的包容表示感激；

多一些肯定、鼓励和赞美；

多一些不求回报的付出；

多做一些意味深长的平凡小事；

······

有人说，即使你的婚姻已经幸福地维持了 35 年，也不能保证它会继续到第 36 年。对伴侣的付出表示感激，其实是一种自省的心态，告诉自己应该对今天所拥有的一切心存感恩，并且要尽可能地让幸福持续下去。

还有人说，如果你希望别人怎么对待你，你就要怎么对待别人。如果你想让伴侣怎么对待你，就先用这种方式对待他（她）吧，时间会证明，这种方式对你的婚姻会有多大帮助！

现在年轻人的婚姻顽疾固然是有其历史原因的，但这并不是它肆虐的理由。只要一个小招数，聪明的你们就可以给婚姻来一个大改观，年轻人其实充满了爱心，只需要学习如何爱得有智慧！

婚恋观 10. **我的婚姻 AA 制**

对每一个过来人说，柴米油盐的婚姻远比浓情蜜意的恋爱要复杂得多。夫妻俩人一起生活就一定要面对很多问题，特别是经济问题。大到生儿育女、奉养父母，小到朋友之间正常应酬的花销。如果遇到两人意见不一，争执在所难免。本来相爱的两个人为钱闹得疏远甚至反目成仇的事例实在太多了。

有人说，婚前契约和夫妻 AA 制是实现男女平等和婚姻自由的"最高境界"。也有人说，以独立为旗号、以理性为基础的夫妻间的 AA 制只能让婚姻关系有名无实、名存实亡。那么，实际情况又是怎样的呢？

让长辈无法理解的婚姻模式

相恋两年的郭平和小云，终于走进了婚姻殿堂。本来，郭平的学识、人品都让岳父岳母很是满意，觉得女儿嫁给他也算是有个好归宿，可是，自从小云新婚后，他们第一次从老家来看女儿，却开始对这个女婿不放心了。

事情源于一顿晚饭。那一天，岳父岳母刚来，小俩口为父母接风，在酒店请吃了一顿饭。本来是好事，可付账的时候，郭平习惯性地付给服务员一半，等着小云付另一半的饭钱。就是这个习惯，让小云的父母非常不习惯，非常难以理解。小云的妈妈当场就拉下脸来，掏钱摔在桌子上，拉着女儿就走了；随后小云的爸爸也难以接受这种新潮的婚姻模式，摇了摇头，起身离席。

原来，郭平和小云在经济上是各自独立的，不管吃饭、看电影、买东西，还是其他的开支，消费一直遵循 AA 制。

小云的父母回家之后，几乎每天都要给女儿打电话，嘘寒问暖，有一次还故意大声说："娶得起媳妇管得起饭。虽说亲兄弟明算账，可你是他老婆，用得着分得这么清楚吗？"

尽管小云一直苦口婆心地跟父母解释 AA 制的好处，但父母还是"不放心"郭平这个女婿，生怕自己的宝贝女儿受到什么委屈。

同样，对这桩婚事"不放心"的还有郭平的父母。对于小俩口的很多做法，郭平的父母也是意见一大堆。

比如，小俩口几乎天天都在外面吃，即便偶尔在家吃饭，也是叫外卖。这还不算，他们厨房里的餐具全是一次性的，包括一次性桌布，连桌子都不用擦了。衣服倒是自己洗，不过各洗各的。家里的设备也是"重复建设"：电脑、相机、mp5人均一台，当然，都是各自购置的。至于其他的家务活，基本上都是找钟点工处理，费用均摊。

"我觉得这样很好，谁都不欠谁的。"郭平跟父母解释说。可是这个解释并不能让父母满意。郭平的父母也从外地来看过他们一次，虽然小俩口特地劳动了一上午，但郭平的妈妈还是颇有微词，觉得小云没有尽到家庭女主人的义务，没有照顾好自己的儿子。

"我也有工作，承担了家庭一半的经济收入，每天回到家也很累，可是婆婆却认为干家务是女性的专利。"小云觉得自己很委屈，"AA制简单实用、公平合理，有什么不好？"

郭平也同意妻子的看法："以前我们老是为谁刷碗、为谁擦地之类的小事争吵，AA制正好解决了这个矛盾。再说，外出吃饭和雇佣小时工节省了大量的家务时间，我们可以有更多的时间做自己喜欢做的事或者放松休息。"

独立的真正意义在哪里？

什么是美满婚姻的基本要素？浪漫？沟通？真爱？反正不是俗气的金钱，对不对？事实上，或许你不愿意相信，英国的婚姻家庭专家调查表明，金钱才是导致夫妻龃龉的第一元凶。

这并不奇怪。因为金钱是而且一直是一个标志——标志着权利和控制力，标志着爱和安全，还标志着自尊和成就。在一份婚姻中，如果丈夫是家庭收入的唯一来源，那么他也会"顺便"掌握家庭权利；如果一方的收入没有期望中的那么多，那么他的自尊也会同时摇摇欲坠；更或者，如果夫妻中有一方陷入经济危机，他们的婚姻也很容易掀起层层不满和怨恨。

这也就不难解释，为何现在年轻人会在婚姻中不约而同的选择 AA 制。很多夫妻都想在他们的世界中分出一个主导者，然而这一招对现在年轻人却行不通。谁能当家？谁来做主？你争我夺的结果就是各行其是——那就"AA"喽！于是，你买你的皮鞋，我买我的袜子；你喝你的牛奶，我喝我的果汁；你起早贪黑，我日伏夜出；你去唱歌，我去跳舞；你看电视，我就上网……经济付出的平均主义带来家庭权利的均等，以及个人意愿的充分尊重，与之相匹配的自然是婚姻主角的个性化生活。

无可否认的是，在个性因素之外，现在年轻人婚姻引入 AA 制的确也有其现实的考量。"我承担了家庭一半的收入"，对于婆婆的质疑，小云理直气壮地说。现在年轻女孩正在走向独立是一个可喜的事实。当爱情来临的时候，她们能够抵抗住"依赖""失去上进心"之类的"并发症"，愿意承担起照顾自己的责任，这无论如何都是一种进步。另一方面，对现在年轻男孩来说，AA制也真正减轻了他们的负担。"本来以我的工资，是不足以承担一个家庭的。但是实行AA制以后，我仍然可以跟朋友开怀畅饮，而不用担心口袋里有没有钞票！"郭平如是说。

从表面看，AA制的出现似乎皆大欢喜。然而，当我们在AA精神延伸的视角下审视现在年轻人的婚姻，很多细节开始变得耐人寻味。财务的"AA"，会不会带来夫妻关系的微妙变化？彼此刻意保持绝对自由，谁对谁都没有权利没有责任，会不会导致两人渐行渐远最终南辕北辙？婚姻中毕竟有很多东西无法分得那么清楚，金钱可以平等分割，但彼此的爱情、共同的责任又怎样一分为二？无论如何，对现在年轻人来说，或许"AA"家庭的衡量标准在于：这种方式一定要使自己真正的快乐，也要使对方真正的快乐。如果现在年轻人只是在扮酷，只是佯装着生活，只是貌似强大，所谓自由、独立的真正意义又在哪里呢？

钱的问题

与许多女孩子一样，在刚刚约会的时候，小云也是理直气壮地让郭平包揽所有的费用。从电影票到浪漫的晚餐到夏天的冰淇淋，统统都是郭平掏钱付账。"在结婚前，我们从来没有谈到钱的问题。"小云说，"我甚至不清楚郭平赚了多少钱。那些有关钱的问题，看起来并不重要。"

可是当他们准备迈入婚姻，金钱问题就不得不被纳入考虑的范围：共同生活所需要的花销，绝不是郭平这个刚刚参加工作不久的毛头小伙子所能承担的。"我们干脆一五一十地算好账，采用 AA 制。"最初实行 AA 制，还是小云的主意。她觉得，自己虽然花钱大手大脚，但是也有一份不错的收入，没有必要依赖郭平。她跟郭平商定：个人的衣服与喜好的 CD 当然是各自负担，其他日常花销共同承担。如果一方因为任何原因交不出钱，那就是欠钱，另一方可以考虑代垫，但是只要一有钱就必须马上还清。

然而这种方法看似公平，有时也未必能解决所有问题。比如夏天郭平怕热，要彻夜地开空调，而小云天生怕冷，还要为此加盖一层被子；又比如小云欢跟小姐妹煲电话粥，每个月话费开支相当可观；再比如郭平的电脑 24 小时开机，显示器耗电量惊人……这些鸡毛蒜皮的小事加起来，小两口谁都不好说什么，但有时心里也别别扭扭的。

转眼半年过去了，有一天，郭平接到家里的电话，父母说家里要买房子，需要一笔钱。这可真让郭平为难——家里的积蓄全部在当初结婚买房时腾空了，自己又是典型的"月光族"，现在到哪里筹钱呢？他正一筹莫展，突然想到结婚的时候，岳父母曾经给了小云一笔不小的"嫁妆"，至今还没动过呢。于是就找小云商量，看能不能先寄一笔钱回家。

小云想这可不行，要是开了这个口子，那之前的 AA 制不就形同虚设了吗？而且，今天他父母要钱，明天自己的父母也需要钱了，怎么办？她回绝得很干脆，个人有事个人出，这是当初说好的，你的事情没有道理让我出钱！

郭平没有想到小云会这样说。他觉得自尊心受到了伤害。"我真的对她很失望。"郭平说，"我试着说服自己，AA制是我们共同的决定，小云不过是坚持原则而已。可我还是不能理解，为什么小会把'我'和'她'分的这么清楚。难道我不值得她信任吗？"

解决方案：不要让金钱问题变成感情问题

现在不是谁信不信任谁的问题，而是这两个年轻人需要确切地了解到金钱的问题是怎样影响了他们的婚姻。对小云来说，金钱意味着安全，如果缺了它，她就会感到焦虑和担心；对郭平来说，金钱则意味着自尊以及他作为伴侣的地位。可是，两个年轻人都没有理解对方的观点，也没有找到解决的方案，而是把它演变为感情问题。

这是否说明了"AA"这种新婚姻模式的失败？坦白地说，这不是我们能够回答的问题。毕竟，任何事情的存在都有其合理性，AA制成为新时代婚姻的潮流，至少让我们意识到了两个方面：女性不能把男性当长期饭票，不能有依懒别人的思想；婚姻生活不应该由男性一人支撑。

事实上，现在年轻人若能充分认识这两个方面，AA制的利弊分析反而变得不那么重要了。然而很多年轻人并没有意识到这一点。他们更没有想到，现实里很多离婚事件都是财务问题所导致的。那么，如何处理金钱与感情的关系，而不让它成为美满婚姻里的一根刺？这恐怕才是关键所在。

◎ **明白自己和伴侣的金钱观**

小曼和小郑经常为了钱而争吵。平时在公司吃午餐，小郑总是自带饭盒，然后用公司的微波炉热一下，小曼则喜欢中午约好友泡咖啡厅或者吃麦当劳；到了周末，小郑坚持买菜回家做晚饭，小曼却希望享受在外面吃晚餐的浪漫感觉；月底发了工资，小郑会第一时间把钱转存起来，小曼却马上去商店购买那条她向往已久的裙子。

小郑和小曼需要意识到，争吵是因为他们对于金钱持有不同的态度——小郑喜欢存钱，而小曼却喜欢花钱。所以，即便金钱对他们没有构成问题，这种争吵仍然会存在。

事实上，每个人对金钱都有一套独特的看法。有些人喜爱钱是因为它可以为自己买到想要拥有的东西；另一些人则把钱看作安全感的来源；有人害怕它们会永远不够花，而又有人厌烦当有钱人。一个人之所以养成某种金钱观取决于很多事。对小郑来说，他拼命地往银行存钱是因为小时候家境不好，钱总是不够用；对小曼而言，情况则恰恰相反，她在小康家庭长大，父母又很宠爱她，所以她经常会得到数目不小的零花钱作额外消费。

总而言之，因为不同的金钱观而争吵是很多年轻人婚姻中存在的问题。然而更普遍的问题是，在恋爱的时候，金钱往往是最后才肯提及的禁忌。那些陷入罗曼蒂克的年轻人讨论着在一起的目标和梦想，但他们不谈彼此对金钱的态度，虽然这是他们最最需要知道的关于对方的事情之一。那么，结果会怎么样呢？——等到结了婚，他们才发现彼此对钱的态度差异那么大！现在年轻人把自己的金钱观无可避免地带进了婚姻。于是，问题出现了：你想存钱，可对方甜言蜜语地试图说服你去海边度假，怎么办？

这时，首先你要明确，你和你的伴侣都属于哪一类人：

*守财奴似的人无法忍受失去哪怕一分钱。他们确信下一次经济危机就会来临，所以拼命地工作，并且省下每一分钱并把它存入银行。但是他们的银行存款永远不够。他们无法享用自己的劳动果实，并对每一次消费表示怀疑，认为那是十分愚蠢的。

*一掷千金的人无法忍受那些关于金钱问题的讨论。他们享受消费所带来的快感，但并不考虑此次消费的必要性。他们对金钱抱着无所谓的态度，因此很容易就会出现收支失衡。他们的银行户口从来就存不下钱。

当然，大多数的人都是处于两者之间。或者你不是守财奴，但你倾向于存钱；也许你很少一掷千金，但你倾向于花钱。对于金钱的观念各有其道理，并没有什么对错之分，可是如果你明白了自己和伴侣的金钱观，就意味着在解决金钱问题上你们已经走出了第一步。

◎为你们的经济生活制定计划

不管你和你的伴侣是什么样的组合：一个爱花钱一个爱存钱，或者两个都爱花钱，或者两个都爱存钱，都应该为你们的经济生活制定计划。避免把金钱问题与感情问题混为一谈的关键是，你们需要一起来做这件事。

当小云明确地表达出"这是你的，这是我的"的态度，郭平明显受到了伤害，因为他不能肯定，小云是不是要跟自己生活下去，一起计划未来。如果小云的努力仅仅是为了个人过得更好，而不是为家庭增砖添瓦，那么，他们的婚姻还有什么实际意义呢？这也是 AA 制本身的隐患，或许问题并不在"AA"本身，而在于对"AA"火候功力的掌握。如果掌握欠佳，火候不足，AA 制夫妻很可能患上"锱铢必较症"，以致对家庭的责任感渐渐淡漠；如果火候正好，"AA"成为人们保持自我的方式，夫妻双方也能做到"你中有我，我中有你"，共享幸福的婚姻。

或许你认为，你们俩的金钱观念相抵触，以致无法共同做出经济方面的决定。这可能就是本书的价值了，你们不妨通过下面的步骤，也许就可以找到有效的解决方案。

*确定银行存款是共同账户还是分开账户。对很多夫妻来说，各人都有自己分开的账户，再附加一个共同的账户也是可行的办法。有些人喜欢用共同账户，但商量好每人有一笔彼此同意的数额的零用钱可以使用。有很多不同的方式来管理你们的财务，但很重要的一点是：每个人都应该有一些钱是经同意都觉得恰当的数额，可以供个人自由支配。这会避免掉无数的争执。

*列出目前的开销。也许你需要先花几周的时间把你们的开销记下来，这样你们才看得见每一分钱的去向。看看你们的记录，可以砍掉或者减少哪些？谁来付哪一笔账？如果你做了一个可行的预算，应该每个月都能存下一笔用于储蓄或者应急的钱。

*倾听彼此的梦想，也分担彼此的恐惧。想象几年以后，你最渴望的事情和最害怕的事情是什么？比如，有些人最渴望几年之后拥有自己的房子，有些人最大的恐惧是 70 岁以后流落街头。你们可以讨论，找出彼此梦想的共同地带，并制定一个可行的、能满足双方需要的长期经济目标。

*设法达成目标。检查你的收入和财产，根据你们的长期目标，制定一个长期的经济计划。把最初的预算纳入这个计划。为确保双方对计划的认同，你们需要定期（每年）修正它。

*无论钱有多紧，留出一部分用做娱乐。这会让你们觉得婚姻变得更美好。

现在我们看看上述两对年轻人找到了哪些解决方案。小郑和小曼厌倦了关于金钱的争吵，他们都觉得，拥有一些"私房钱"，可以自由支配无须看对方的脸色，是个不错的注意。他们每人每周 200 元的午餐费，这个数目比小郑花得多，比小曼花得少。一开始小郑把所有的钱都存起来，每天还是坚持带盒饭，后来，他意识到这是自己的钱，可以自由支配，于是他每周也会跟同事去一次餐厅，用以改善生活。小曼的改变要困难一些。她不能跟以前一样随心所欲地花钱了，她学会每天带盒饭，然后把省下来的钱买裙子。就这样过了一段时间，小两口都觉得自己学会了不少东西，同时他们的银行存款也开始增加。

小云和郭平则给自己的 AA 制进行了一番"改良"。首先小云把父母留给她的 10 万块钱拿出一半，寄给了郭平的父母。在把钱寄出的那个时刻，她知道自己这才把感情完整交付给了这段婚姻，交付给一个她可以终身依靠的伴侣。然后，经过商议，小云和郭

平开了一个联合账户，每月按双方的收入比例在联合账户里各自留出一定的存款作为家庭共同储备。他们还决定今后在家里实行"三透明"：收入透明、消费透明、情感也透明。经过一番调整之后，小云和郭平的心结都打开了，他们第一次有了将未来与人分享和同行的快乐。

婚恋观 11.闪离

何谓闪离，就是闪电离婚的简称。大量数据表明，我国现在年轻人草率结婚又轻率离婚的人数持续走高。这些年轻的独生子女成为离婚高发人群，已成为婚姻管理部门、婚姻家庭专家和社会学家关注的社会问题。一组数据让人触目惊心：2006 年，仅北京就有 24952 对夫妻办理离婚登记，其中有五分之一婚姻关系维持不到 3 年；1/3 在结婚 5 年内离婚；结婚不到 1 年就离婚的有 970 对，有 52 对离婚的夫妻结婚还不到 1 个月。与此同时，2006 年哈尔滨的离婚率比上年增长了 5%，其中也是年轻人激增；来自广州的数据也显示，"80 后"委托离婚或咨询离婚的案例明显增多……

在这些离婚夫妻中，"80 后"占了相当大的比例。而调查涉及的"80 后"离婚案件中，有 90%的夫妻双方都是独生子女。

有些小两口缺乏忍让和宽容，成为这些人群离婚的主要原因。有专家分析，"80 后"独生子女成为离婚高发人群，跟父母从小过分溺爱，凡事帮孩子拿主意，养成孩子缺少忍让性、宽容度有直接关系。专家呼吁，婚姻不是儿戏，更不是鸡肋，需要慎重对待。年轻一代更要珍视婚姻和家庭，给对方以信任和理解，相互间应包容和忍让，幸福的家庭应来自对质朴生活的深度理解，而不是草率行事。

婚姻就像小刺猬过冬

在结婚两周年的纪念日那天，张亮和刘倩离婚了，为他们的婚姻画上了句号。

面对离婚，两个80后都显得很平静。"我们更适合做恋人。"刘倩说，"也许距离远一点，我们才能更好的相处。"

对于刘倩的说法，张亮也表示同意，他还形象地打了一个比喻："对我们来说，婚姻就像两只小刺猬一起过冬，距离近了怕扎，远了又怕冷，可能一人削下一半刺下去，也就不扎了，哪怕是疼点。"

张亮和刘倩是大学同学，在学校里谈了4年恋爱，毕业后没多久就结婚了。关于结婚，小两口的本意是：感情到了，结了婚可以更好的发展各自的事业。结果呢，两个人在事业上都有很好的发展，家庭矛盾却日益凸现。

最初争吵的原因很简单，就是谁来做家务的问题。张亮和刘倩都是独生子，从小就是"学业为重，家务靠边"，结了婚，谁也不认为自己有责任操持家务。按说，他们的"负担"已经很轻了，新房是父母资助的，地点正好在双方父母家的中间位置，以便双方父母轮流来当"保姆"；吃饭问题也很好解决，平时就到父母家"蹭饭"，偶尔自己吃一顿，不是叫外卖就是上饭店，家里的高档整体厨房形同虚设；洗衣服就更简单了，脏袜子脱下来随便一扔，父母来了自会收拾，实在不行了再用洗衣机。可是，谁把脏衣服放到洗衣机里再拿出来晾上呢？谁把外卖的一次性餐具扔掉再擦擦桌子呢？要是有朋友来做客，这临时的家务谁来做呢？

其实，简单的家务对谁来说都不成问题，可是两个年轻人把这上升到谁来执掌家庭权力的高度。"凭什么是我做呢？"这种"凭什么"的心态在他们的婚姻里处处可见：凭什么你可以换新手机我不能换？凭什么我要听你的指指点点？周末去哪里玩凭什么听你的？看什么电视节目凭什么也要你说了算？等等。

就这样，张亮和刘倩过强的个性不时地发生冲撞，小两口发现，结婚后他们有更多的时间待在一起，却不像以前那样甜甜蜜蜜了。以前见面的时间少，见一次面就抓紧时间向对方示好，哪还忍心吵吵闹闹呢！可是现在，多出来的时间全用在斤斤计较上了！

在无休无止的争吵中，两个人都对这样的婚姻厌倦了，他们决定散伙，"我们真的一点也不合适在一起生活。不过，合得来就过，合不来就离，这总比一错再错要强吧！"

幸福是一件奢侈品？

　　就在现在年轻人早婚、闪婚现象被广为关注的同时，闪离也成为现在年轻人婚姻现象中的一道特殊的风景线。这或许令人难以相信——这些年轻人不过才刚刚迈入婚姻的年代，为何闪离就成为一道"风景"了呢？

　　并且，与以往的离婚案件不同，闪离的年轻人往往没有孩子的牵绊，也没有财产的困扰，也鲜有婚外恋的烦恼，他们离婚大多只有一个理由，那就是性格不和。正是这一点，让长辈们觉得十分不解："现在的年轻人，喜欢我行我素。许多离婚的年轻夫妻其实并没什么大不了的事，无非就是些生活中的小摩擦。换了我们，哪会想离就离呢？"

　　在《我的婚姻以我为主》一节中，我们曾经就现在年轻人婚姻中的"小摩擦"作过一番探讨。我们试图说明，这些所谓的"小摩擦"，并不是想象中的那样简单，而与现在年轻人的行为模式有关。我们还试图说明，这种行为模式不一定对婚姻生活造成威胁，关键在于这些年轻人怎样处理婚姻生活中类似的行为，如果站在友好的立场，本着解决问题的态度，不把对方的付出看作理所当然，并且愿意做出一些小小的改变，这些年轻人的婚姻一样会充满生机。

　　问题是，很多选择闪离的年轻人并没有意识到这一点，或者说，他们并不相信这一点。他们认为自己一开始就没有选对人，双方的结合根本上就是一场错误，再谈感情也就变得毫无意义了。因此，他们宁愿在"一切还不算太晚"的时候闪电结束这场错误，继续寻找真正属于自己的幸福。

现在年轻人用闪离宣告了自己对高质量婚姻的追求。他们认为离婚没有什么大不了的，与离婚所带来的创伤相比，未来的幸福显然更为重要。他们也相信，幸福是一件奢侈品，若想追求婚姻的稳定与和谐，就一定要进行婚姻的淘汰与消亡。然而，颇具讨论意义的是，这其中也包括了很多像张亮和刘倩这样，经历过爱情长跑或者同居的年轻人。那么，是什么让这些年轻人宁愿放弃多年的爱情，而相信自己的幸福一定在别处？如果是相爱容易相处难，那么另一场婚姻就一定幸福吗？

那一场关于幸福的想象

张亮和刘倩已经离婚两年了。虽然这两年来，两个人的事业腾飞，身边示好的人不断，他们都没有想到另外再找一个人过日子。他们不仅不敢想，而且也没有信心了，因为曾经的那段闪电婚姻给他们留下了太大的阴影。

有一天晚上，刚刚出差回来的张亮精疲力竭地倒在沙发上，最要好的朋友打来十万火急的电话，让他马上打开电视。

"电视有什么可看的，我现在忙得连睡觉的时间都没有。"张亮有点不耐烦。

"让你看你就看，刘倩在电视上讲你呢。"

"什么？"张亮跳下沙发，按下遥控器，屏幕上正好是刘倩的特写。她双目泛红，说话的声音也有些颤抖，分明是刚刚哭过。这时候传来主持人的画外音："在经历过一系列的成功之后，回头想一想，有没有什么事情让你觉得遗憾？如果重新开始，你会怎么走？"

刘倩说："我最大的遗憾是，与深爱的丈夫离婚，在那之后，我再也没有找到比他更好的人。"这段肺腑之言，是刘倩对着千万观众说出的，张亮此刻的感受已难用语言表述。

刘倩的遗憾是如此，张亮又何尝不觉得自己犯了一个特大的错误呢？他们曾经拥有四年的热恋，彼此也曾许下海誓山盟；他们曾经在学业和事业上互相鼓励，共同展望着甜蜜而美好的未来；可是，他们也在婚姻里彼此伤害，执拗地把所谓面子看得比对方还重要；他们互相批评对方的一切，指责对方不是完美的伴侣；他们在争吵中消磨了彼此的爱意，把对方越推越远……

终于有一天，他们认定对方不是能够与自己相携一生的人，认定这场婚姻已经不可救药，于是心平气和地签定了离婚协议。

最初，两个年轻人都以为离婚是自我的新生，远离了对方就是远离了一场错误。可是当离婚证书已经拿到，各自搬回父母家，他们才意识到互相的离弃让他们失去了太多太多。他们依然是朋友，但又不是恋人；他们不用再委屈自己迁就对方，但却情不自禁地彼此想念；他们也尝试寻找新的恋情，却发现自己总是在寻找对方的影子……更让人难过的是，他们从潜意识里否认了自己获得幸福的机会！

"既然你还是单身，又忘不了刘倩，听到她说得这么诚恳，为什么不再复合啊？"好朋友问张亮。

张亮说："刘倩在我面前一直表现得很强势很霸道，突然听她说出如此动情的话，我确实很感动。之后我打过电话给她，但是，不知怎么，那张离婚证书总是在我面前晃动，它提示我，我们已经分开了！离婚，就像一条无法逾越的鸿沟。更重要的是，我也累了，不想再回头了！

解决方案：拯救你的婚姻

美国社会学家康斯坦丝·阿荣斯曾经花了 6 年时间，访谈追踪了 98 对离婚夫妻，最终写成一本名为《良性离婚》的书。在书中，康斯坦丝不再把婚姻和家庭等同起来，并且阐述了这样的观点：离婚并不一定是好事，但确有一条通向"良性离婚"的光明的生路。这一观点为水瓶时代所推崇，它鼓励人们为追求心灵智慧的成长，而打破一切形式的规范与游戏规则，比如婚姻。

对于选择闪离的现在年轻人来说，当婚姻的美好幻想被现实浇灭，"良性离婚"就成为他们唯一的底牌。否则怎么办？难道像法国思想家泰恩所说的，"相互研究了三周，相爱了三个月，争吵了三年，最后相互忍耐了三十年"？可是这些年轻人却没有想到，婚姻里的"忍耐"，既可能是听任命运的安排，心灰意冷地进入麻木阶段；也可能是经过磨合达到彼此适应，彼此习惯。他们更没有想到，有时给自己濒临结束的婚姻下一道缓刑，反而会柳暗花明，找到幸福的"世外桃源"。

◎ "你在把我越推越远"

是什么让你的婚姻崩溃？在本书中我们谈到了很多婚姻问题，这些问题有的会侵蚀夫妻双方的亲密感，有的则是婚姻的致命伤。如果这些致命伤不存在，很多婚姻问题都很容易解决，但如果婚姻中的一方坚持认为这些比对方、比婚姻更重要，那么这份婚姻便存在崩溃的危险了。考虑下面的这几处"致命伤"，有哪些正在吞噬你的幸福婚姻呢？

* "我就是这样的！"
* "如果我对伴侣感到失望，我会立刻告诉他。"
* "如果他多做一些，我就不会这么累。"
* "我不过是天天加班，这没什么大不了的。"

"我就是这样的！"或许对于现在年轻人来说，这种固步自封的心态是最容易出现的。恋爱中的年轻人往往这样想："我就是这样，是你主动来爱我的，我并没有刻意为你改变什么！"是的，对方爱的是真实的你，但并不是放肆的你，他爱你的可爱之处，但并不代表他会欣赏你的小毛病，尤其当你们的关系进展到婚姻的阶段，起决定意义的，就看你肯不肯为婚姻做出改变了！

诚然，我们曾多次把现在年轻人的婚姻顽疾归结到他们的成长过程，但这并不意味着这些年轻人在今后不能做出改变。毕竟，因为现在的行为而去责备自己的过去或者父母根本是逃避的办法，而让这种行为影响到今后的婚姻则是更愚蠢的行为。很多年轻人错误地认为，在婚姻中一定要以"自我"的状态出现，如果对方不配合，那就是不爱自己了，这样争来争去，往往是坚持的一方取得了最终的"胜利"，他不用再做出任何改变，却输掉了整个婚姻！

"如果我对伴侣感到失望，我会立刻告诉他。"这句话本身并没有错误，关键看你说什么和怎么说。张亮正在看体育频道，而刘倩想看娱乐频道，他们谁都不肯向对方妥协，于是争执起来。为了表达自己的失望，他们开始攻击对方，将许多负面的言辞加于对方的人格之上。最终，他们把电视抛到了一边，并且争吵了一夜，得出的结论是：问题不在于选择频道本身，而在于对方本人。在这样的结论之下，婚姻里的任何批评和不赞成都被认为是对个人的否定，都会引发一场以互相伤害为最终目的的争执，伤害慢慢累积，直到两个人都认定自己一开始就选错了人。

其实，婚姻中的很多时候，夫妻会出现意见不一致的情况，这很正常，因为世界上不可能有两个人对凡事都有一致的看法。但这并不是说，因为婚姻生活中存在着冲突，现在年轻人就无力回天。那些稳定而幸福的婚姻就一定没有任何冲突吗？当然不是！很多婚姻之所以能够保持良好状态，是因为夫妻双方懂得如何有效地处理冲突和分歧。所谓有效的处理冲突，并不是指冲突能够如你所愿的解决，而是指能够清楚地表达自己，了解对方，用相互尊重、相互欣赏的态度来认识所有的选择并择出最优。处理冲突的过程是平静而理智的，是以不非难对方为原则的。如果现在年轻人能够做到这一点，他们就会把注意力集中在什么可以让他们一起分享，而不是什么让他们分开。

　　"如果他多做一些，我就不会这么累。"比赛谁做得多，谁更累，这很容易在婚姻中制造怨恨。想一想，如果你是一个全职太太，因为你的全力支持，丈夫在事业上有了很好的成绩，你们的家庭状况也因此上了新台阶，那么这份功劳该归谁呢？反过来，如果你斤斤计较，导致"后方不稳"，丈夫无心工作，家庭收入受到影响，最终吃亏的又是谁呢？

　　婚姻中的很多事情是无法比较的。现在年轻人必须接受这样一个事实：婚姻就像理财，你投入的越多，你和你的伴侣就会享受的越多；如果你停止投入，总有一天你感情账户里的"存款"会少得可怜。的确，婚姻给了你不少东西：忠诚的伴侣、贴心的朋友、困难时候的支持……但如果你以为这一切不费吹灰之力就能得到，那可就大错特错了！

　　"我不过是天天加班，这没什么大不了的。"关于工作与婚姻的关系，我们也多次探讨过。在工作与婚姻之间如何选择，本来极具私人化，无所谓对错。可是对现在年轻人来说，就像学生时代的"学业为重，家务靠边"一样，他们很容易关注个人事业的发展，而忽略了对家庭的经营。然而与此同时，他们又希望得到高质量的婚姻生活。正因为此，他们才把经营家庭的责任推到对方的头上，想当然地认为对方一定会像父母一样无私奉献，如果自己遇到了什么困难，那也是因为对方做得太少，在这样的心境之下，家庭怎么会幸福呢？

　　张亮和刘倩选择了早婚，他们以为这样就可以"后方稳定"，保证他们更好的发展事业。然而，他们却在事业发展的同时遭遇了爱情的"滑铁炉"。这说明什么呢？伴侣和父母是不同的。父母把你看做自己生命的延续，所以只要能支持你，牺牲自己也无所谓；可伴侣之所以选择你，是因为你可以跟他一起构筑幸福的生活！个人事业的发展和家庭幸福也是不同的。也许你会说，发展事业正是为了建设家庭，但你却可能因为吝于在婚姻中花费时间和精力而冷落了伴侣，以致丧失了婚姻！

◎不需要挽救的婚姻

我们用了很多篇幅来探讨，现在年轻人该如何正视婚姻的现实，从"乌托邦"式的幻想里走出来，积极应对婚姻的烦恼。我们试图说明，绝大多数的问题婚姻都来源于现在年轻人不成熟的婚姻态度，如果现在年轻人认识到自己的不完美，并且愿意做出改变的话，这些婚姻都有实现幸福的可能。然而，我们也不能回避这样一个现实：的确有一部分婚姻是不需要挽救的，有些年轻人正在婚姻中承受着不必要的伤害，他们不知道如何才能打破那个怪圈，唯一的办法就是从婚姻里走出去。

据了解，目前在中国，有33.9%的家庭存在着程度不等的家庭暴力。我们没有任何证据可以把现在年轻人从这个不幸的群体里排除出去。——有多少年轻人婚姻里存在暴力？这些年轻的受害者正经受着怎样的身体或者精神摧残？另一个事实是，很多受害者正在把经受的一切归罪于自己。他们认为，这种悲惨生活是他们理应承受的人生，是他们做错了事的惩罚。甚至在"冷暴力"、"精神虐待"等家庭暴力新特点出现的情况下，很多受害者尚不明白自己所经历的就是家庭暴力。

好吧，如果你不知道自己是不是应该打开婚姻的枷锁，就请看一看下面的这些问题。如果有一个回答是肯定的话，或许你就该考虑自己的选择了。

*当你待在伴侣身边的时候，你是否觉得心乱、焦虑，或者很容易受到威胁？

*你的伴侣是否通过控制你接近家人、朋友、钱，甚至散步等方式孤立你？

*你是否从小生活在有人被虐待的家庭中？

*你是否认为伴侣粗暴的对待你是因为你做了什么或者没做的什么事——换句话说，他的行为是你的错误造成的？他会为自己的行为而责备你吗？

*你的伴侣是否发誓不再有类似的行为发生，你也满心希望他会改变，但这一循环总是重复？

*当再一次暴力发生时，你是否在为他找理由，相信他本意并非如此？

不是只有女性才会遭受家庭暴力，但显然在遭受家庭暴力的群体中女性所占的比例更高。很多善良而单纯的年轻人会把"家暴"跟"爱"等同起来，以为伴侣对自己施暴是爱到极致的表现，她们试图用温柔安抚对方，宽容地想要把不和谐的音符一笔带过；她们以为自己的爱可以感动对方，能够把对方从迷途中拉回来……可是在一系列的付出和打击之后，她们不得不承认自己想得太简单了。对她们而言，婚姻就像是一道充斥着虐待而大起大落的过山车，足以拖垮她们的精神和身体！

如果你对上面的问题回答"是"的话，就不要再被对方的花言巧语骗回到毁灭性的婚姻关系中。对于这些年轻的、不知所措的受害者来说，必须要做的是为自己建立起支持系统。——如果你无法改变自己的伴侣，为什么不试着改变自己的生活呢？要知道，谁也没有权利剥夺你的幸福！你可以向自己的家人、信得过的朋友寻求帮助，也可以造访一些妇女保护机构。简言之，你要学会掌握自己的生活！只有当你赢得了对自己的想法和行动的控制力，你才能够重建对婚姻的信心和自己的幸福。

婚恋观 12. 闪复

继《中国式离婚》、《金婚》等剧之后，婚姻题材的剧种一直久热不衰，前两年在上海、重庆等电视台热播的《我们复婚吧》以新的语词方式和婚姻题材成为现代社会情感的一大新话题。《我们复婚吧》以一段不雅视频毁掉一个完整的家庭的社会问题开始,探讨婚姻中的失衡和再平衡问题。小说以三段式的感情开始,通过跌宕起伏的情结展现了几代人对于情感、婚姻与宽容的态度。真实反映了现代人对婚姻生活的认识和思考。

其实，对于离婚已经够让人头疼的事了，婚姻重组，也许更需要勇气，需要相信幸福，需要有解决与上次婚姻的千丝万缕联系的智慧，需要一种更平衡、更成熟的心态。

可以再爱你一次吗？

有一天，"从新开始"在QQ上对巧巧说："我们见个面，可以吗？"

巧巧沉默了。聊天以来，她根本没有想过要见谁，也没有想过跟谁在网上扯出一段情缘。她只不过是想借聊天打发一下时间罢了，有时候，跟人在网上闲扯或是聊点学问，也是一种很好的疗伤办法。

正因为此，她拒绝了很多抱着各种目的与想法的男人的约见之请。可是，"从新开始"的邀请却让她犹豫了。

"从新开始"跟别人不同。他叫阿钒，是她的前夫。只是他还被蒙在鼓里。

巧巧当然熟悉阿钒的QQ号，离婚之后，看到他把名字换成"从新开始"时，她有了跟他聊天的冲动。

"为什么叫'从新开始呢'？是想忘记过去吗？"巧巧换了身份，在QQ上问他。

"是想记住过去。"他说。"以前太孩子气，不知道婚姻里有许多爱不能企及的东西。明明相爱，却不懂得珍惜，不懂得迁就和容忍，不懂得互相体谅……如果可以从新开始，该有多好。"

巧巧不知道阿钒为什么会对一个陌生人说这么多。以前的他不是这样的。阿钒却知道这个叫"离离"的名字刺痛了他。

无论如何，他们的交谈渐渐增多。痛定思痛的苦涩和冷静理智的反思让他们"走"到一起。慢慢地，巧巧感觉自己有点依赖"从新开始"了。他还是那个她深爱过的男孩吗？可是经过婚姻洗礼的他显然长大了。

终于，他提出要见她，她不知道怎么回答，而他的头像却心急地闪个不停，一条又一条的信息发过来："见见我吧，你不会失望的！""相信我好吗？""我是第一次见网上的朋友，你是我唯一想见的人。""说话呀，如果不想见我，我也不勉强。""可我还是想见你。"

巧巧的坚强和决心在这些信息面前土崩瓦解，她一遍遍地对自己说，那就见一面吧，如果他生气了，她就不会再有任何期待了。

到了约会地点，巧巧第一眼就在人群中发现了阿钒。他其实其貌不扬，可是对她来说，他永远是最特别的那个。他会生气吗？他会不理她吗？她感到自己的呼吸急促，她看见了——

他对着她露出笑容，安抚着她的慌张，他说傻孩子，我知道"离离"就是你，你总是这么马大哈，换了QQ号却贴上旧图像，那个图像还是我给你做的……我故意没有换号码，因为我一直在等你……亲爱的，再给我一次机会吧！

离婚时，我们不懂珍惜

离婚，而后复婚，一直以来，大家对此的认知程度似乎有所欠缺。甚至有媒体报道说，第二次婚姻的成功率只有18%。二度牵手的事情，往往成为别人口中的谈资，所谓"好马不吃回头草"，又所谓"早知如此，何必当初"，这一场离婚纠葛无异于外人眼中的好戏。

然而在现在年轻人的眼中，没有什么比追逐幸福更重要。当他们发现围城之外的生活并没有想象的那样繁花似锦、灿烂缤纷，他们就想重新回归，再度牵手，急切地把自己送回围城里去。离婚是现在年轻人的一场为爱出走，几番周折，不过是为了找回迷失的自己。他们说："离婚时，我们不懂珍惜。"也许现在，他们懂了。

或许我们应该相信，这出一唱三叹、情节紧凑的悲喜剧是某些年轻人成长中必须经历的过程。如果没有闪婚后的摩擦，现在年轻人就不会从"乌托邦"式的幻想里走出来；如果没有闪离，现在年轻人就不会重新审视婚姻的意义；如果没有闪复，现在年轻人就没有机会修补自己被无辜篡改的爱情。现在年轻人从几番周折里走出来了，他们不认为闪复是"幸福的回归"，而强调他们的二度牵手是"记住从前，立足今天"的全新开始。

现在年轻人是叛逆的，他们为了按照自己的方式生活，不惜用闪离来拷问传统的婚姻；现在年轻人又是聪慧的，当他们发现不幸的原因就在自己的身上，他们又用闪复去维护自己单纯的心灵空间。他们不担心又为世人添一把饭后的谈资，而更担心自己是不是有机会修正从前的错误，是不是有机会找到失落已久的幸福。在我们进一步探讨之前，或者，现在年轻人可以先回答下面的问题：

* 我真的"经历"够了吗？真的对"更好的"异性的出现不抱幻想了吗？

* 离婚前的摩擦，现在看来足以值得离婚吗？如果放在现在，我是否有更好的办法解决？

对于这两个问题，无论如何回答，相信都是现在年轻人给自己的答案。

两只刺猬，还是两滴水？

在离婚半年以后，阿钒和巧巧复婚了。

说到当初离婚的原因，小两口都显得很不好意思："当时太不冷静了，因为一点小事，心里就觉得承受不了，谁都不肯先低头，就一气之下分道扬镳了。现在想想，真是有点鲁莽……"

离婚之后，两个年轻人各自都有过短暂的"罗曼史"，但最后还是觉得彼此最适合对方。在经过几次沟通之后，他们又悄悄地跑到民政局，办理了复婚手续。

"我们只是找回了曾经丢失的爱情。"在爱巢内,他们微笑相依偎,平和而由衷的幸福溢于言表,"复婚,不应该重走老路,是全新开始。"

在两个年轻人眼中,一切看起来都在重归于美好。然而,这个全新的开始似乎进行得不太顺利。

复婚以后,巧巧主动扮演了贤妻良母的角色。以前的她娇生惯养,不会做家务,而且脾气急躁,总是趾高气扬地指挥阿钒干这干那。现在她开始主动学习做饭、洗衣服、整理房间,对阿钒更是百依百顺。

阿钒也改变了很多。以前他多多少少有些"少爷脾气",经常为一些生活琐事跟巧巧互不相让,吵得天翻地覆,现在他开始主动配合巧巧,有什么事也跟巧巧商量着来。

按说,两个年轻人都认识到了自己的问题,并且做出了改进,他们的小日子应该过的和和美美才是。可是一段时间下来,不管是阿钒还是巧巧,都开始思考他们的婚姻是不是出了什么问题。

巧巧觉得阿钒对自己没有以前那么好了。她知道阿钒不喜欢刁蛮的女孩,就努力地改变自己去迎合他,阿钒也一再夸奖她比以前懂事多了,可是巧巧却感觉有一条看不见的鸿沟阻挡了阿钒跟自己的亲密接触。是,他的脾气也比以前好很多,可是这份"好"似乎包含了客气的成分,有时候巧巧想,她宁愿回到过去,跟阿钒吵吵闹闹,但至少他对她是不见外的。对,就是"见外",巧巧觉得阿钒太跟自己见外了!

阿钒也是有口难言。他不是不感激巧巧为他所做的一切,可是他却不由自主地想要逃离这个家。阿钒觉得巧巧的爱太沉重了,压得他喘不过气来,他尽可能地摁下自己的坏脾气对巧巧好,可是他觉得自己像是在扮演一个完美丈夫，而不是他自己。他爱巧巧，但是他也需要自己的空间，可是巧巧却用爱把他紧紧地抱围起来。余峰不敢对小菁说出自己的想法，他担心这样他们就会走上以前的老路，他只能找出各种借口离开巧巧，加班，出差，仿佛只有这时候他才能够做他自己。

在一次聚会上，阿钒的一个研究心理学的朋友出了一道题目：如果只能选一项，你愿意与爱人成为两棵树、两只刺猬还是两滴水？阿钒选择了"两只刺猬"，而巧巧选择了"两滴水"。阿钒想，原来他们对婚姻的理解是不同的。难道他们的选择又错了吗？

解决方案：
面对重新开始的婚姻，与过去说再见

现在年轻人尽了一切努力开始一次全新的婚姻之旅，他们小心翼翼，生怕重蹈覆辙，可是，总会有一些讨厌的事情勾起过去的婚姻，而新的婚姻中又出现了新的矛盾。现在年轻人可以与过去说再见吗？为什么重新亲密相处并没有预想的那样美好？是不是对于过去，现在年轻人已经没有了弥补的机会？

在追求幸福的前提下，新时代的人们愿意选择与伴侣第二次走入婚姻的殿堂。然而不容回避的是，这样的婚姻关系可能会面临一些特殊的挑战。尤其对现在年轻人而言，"闪复"会

引发一系列特别问题，但也会提供成长发展与获得幸福的机会。或许下面的探讨有助于这些年轻的"闪复族"在新的婚姻关系中找到幸福。

◎承认自己所扮演的角色

为了彻底愈合从前的伤口，现在年轻人需要弄清楚，在整个离婚与再婚事件中，自己扮演了什么样的角色。或许你认为自己是一个受害者，或许你认为自己错得更多，但大多数情况下，对于离婚，双方都要承担一部份责任。想一想，你是不是很苛刻？是不是心理还不够成熟承受力很差？是不是不够宽容、忍让、与人为善？是不是容易一意孤行？如果现在年轻人把所有的过错都推到别人头上，那就失去了自我反省及成长发展的机会。或者，即使你的伴侣之前的表现确实很糟，你也要明确自己在那次婚姻中所起的作用。

很棒，你已经迈出了第一步：你从对方的角度看清自己，重新评价了你的行为和你的言语，也对新的婚姻有了新的期待。那么，你是不是真的把第一次的阴影彻底地从婚姻里消除了呢？在阿钒和巧巧的故事里，小两口都认识到了过去的错误，并且尽可能的修正，为什么他们却找不到曾经那种亲密无间的感觉呢？答案可能是阿钒和巧巧都不愿相信的，那就是他们都不再信任对方了！

信任感的丢失犹如离婚带来的旧伤疤，它不仅提醒着过去婚姻里的错误，而且证明这些错误足以导致一场婚姻走向毁灭。阿钒和巧巧不是不相爱了，只是他们内心都在犯嘀咕：我曾经那么相信他（她），他（她）却毅然决然地离我而去，这种情形会不会再次发生呢？婚姻的脆弱性让人变得恐惧，让人患得患失，不敢放开自己，距离自然就会产生了！

如果现在年轻人想重新找回信任，就必须继续对自己坦白。在新的婚姻里你扮演了什么角色？你是不是又在重蹈之前的"毁灭模式"？还是你改变了旧错误，又出现了新问题？最关键的是：在新的问题中你需要承担什么责任？你有没有像反思过去一样反思现在？想要避免新问题像小雪球一样越滚越大，就一定要在问题刚出现的时候把它解决掉！

◎ "我可以做些什么？"

有一则寓言想必大家都听说过：

智者带着学生漫游世界后坐在郊外的一片荒地上，给他的学生上最后一堂课，并且留下了最后的问题：用什么办法可以彻底除掉这片荒地上的杂草？

学生们有的说只要有铲子就够了；有的说用火烧也是一种很好的办法；也有的说撒上石灰就会除掉所有的杂草；还有的说斩草除根。智者说：课都讲完了，你们回去，按照各自的办法除去一片杂草，没除掉的，一年之后再来相聚。

一年之后，学生们都来了，不过原来相聚的地方已经不再杂草丛生，它变成了一片长满谷子的庄稼地！智者用事实给学生们上了精彩的最后一课：要想除掉旷野里的杂草，方法只有一种，那就是在上面种上庄稼！

许多选择复婚的年轻人都会害怕，因为他们发现自己很难在心灵上把曾经的阴影赶走，或者很难改变自己已经失败了的想法。然而现在年轻人必须重建对婚姻的信心以及彼此的信任。要想做到这一点，不妨借鉴寓言里的方法，那就是：将情感能量导向重建亲密感，双方一起创造新回忆。

像阿钒和巧巧这样经历了分分合合的夫妻，不能以生活工作忙作为缺少沟通的借口。迟迟不肯互相亲近直到紧张程度消散，那只是逃避罢了。而阿钒的逃避眼看已经滋生了新问题。阿钒认为自己的逃避是巧巧的过度亲密引起的，那么他做了些什么呢？他不肯向巧巧展示真正的自己，唯恐这样会把关系恢复到当初的样子，也就是说，他并没有认清自己目前的角色！不仅如此，他还把自己的逃避推卸到巧巧身上，这样岂不是重复了过去的"毁灭模式"？

如果阿钒认识到这一点，那么他有很多事情可以做。首先，他可以跟巧巧进行沟通，像以前通过网络交流一样，把心里话坦诚说出来，这样不仅会打消巧巧的顾虑，他自己也就没有了扮演"完美丈夫"的负担。下一步就是：考虑自己做什么才能继续拉近双方的关系。回想一下，曾经恋爱的时候是怎么做的呢？最怀念什么？然后，如何才能发挥想象力把这些重新编制到现在的生活中来？挑出一个想法——买两件情侣衫或者养成固定的约会习惯——也许只是一些小小的亲密，就可跟巧巧享受重新开始的快乐！

3

包容与多样化引发的婚恋观

　　"不批判、不定罪、不认同"是新时代的一个文明特质。这一时代的人们认为，存在即是合理，任何事情的背后都有其更高层次的机缘。沉浸在这种风气下的现在年轻人，都是些"阴阳怪气"的聪明人，他们有着善于理解另类事物的能力，更勇于尝试，并且对任何新事物都不会大惊小怪。

婚恋观 13.早婚

　　不知道从什么时候开始人们结婚的平均年龄提高很多，也不知道从什么时候开始，现在不少年轻人打破"先立业后成家"的传统观念，纷纷"前脚跨出校门，后脚迈入家庭。"几秒钟可以爱上一个人，几分钟就能谈完一场恋爱，数小时内可以决定终身大事……如此盲目而快速地寻求感情慰藉，使得婚恋过程就像吃快餐一样，饱了就行，营养的事就顾不得了。

"我结婚了"

　　"我结婚了！"20 岁的小菲在 QQ 签名上高调宣布了婚事，还大大方方地把结婚证上的照片贴在博客上。

　　照片中，小菲和她的小王子——22 岁的大伟并排坐、头碰头，笑得很可爱，一派祖国花朵的样子，这种嫩嫩的小幸福，看了还真叫人心生感动。

小菲是应届专科毕业生，大伟是她的师兄，今年也刚刚本科毕业。小俩口谈了两年恋爱，一早就得到了双方家长的认可，在毕业之前，家长已经给他们装修好了新房，并催促他们毕业后赶紧把婚事办了。

"本来我们还年轻，没有具体计划到结婚这一步。"那天，大伟接到一家公司的录取通知，获知自己得到了梦寐以求的职位，于是，准备在事业上大展拳脚的他第一时间就想到了向女友求婚。"以后工作忙了，不可能像以前那样只顾着谈恋爱，结了婚，心里也踏实。"大伟如是说，"反正我们已经彼此认定了，小菲脾气好，美丽可爱，正是我心仪的类型。"

求婚的过程很简单，大伟打电话对小菲说："我们赶紧领个证吧！""好啊！"小菲不假思索地答应了，就好像两个人商量说"明天一起去看场电影吧"一样自然。也是，在周围的同学中，小菲的故事并不离奇，"早婚？呵呵，我可不是唯一的一个。我的很多女同学都在忙着相亲，赶在毕业的时候把自己嫁出去呢。"

虽说结婚并不影响学业，小菲还是放弃了继续读本科的机会，她找到一份薪水不高但时间宽裕的工作，高高兴兴地当起了家庭主妇。因为结婚早，小菲本身看上去又很小不点的，所以还是会有很多不明真相的男孩子前来搭讪。每每这时，小菲都会笑咪咪地说："我已经结婚啦！"把众人吓一跳。

出名要趁早，结婚也要趁早？

张爱玲说，出名要趁早。如今，这句话被现在年轻人挪用，霸道地说，结婚也要趁早。于是，我们看到一群喝酸酸乳、穿露脐装、把卡通包背在屁股上一颠一颠的小妹妹争先恐后地敲开婚姻的大门，他们理直气壮地说："这年头，要先成家后立业，抢婚才是硬道理。"

如果你以为抢婚只是追随潮流，把握时尚，那可就误解了这些年轻人讨巧的小智慧。事实上，有关数据也表明，自1990年以后，人们的平均结婚年龄持续升高，晚婚已经是不可否认的趋势，那么，是什么让80后或90后的小女生们如此热衷于婚姻？

"高中时，妈妈要我用功读书。上了大学，妈妈又说女人最重要的是找个好丈夫，干得再好也不如嫁得好。"小菲说，"以前我也对未来充满憧憬，可临近毕业，看到女孩子找一份工作那么难，反倒感觉没什么追求了，只想找对人，把自己给嫁了。"

的确，现在年轻女孩正处在这样的两难境地：一方面，社会要求女性自强，经济独立，而女性在就业时却屡遭性别歧视；另一方面，女性也不能摆脱传统固有的观念，事业成功但家庭失败的女性并不被认为是成功的。正是这种家庭和事业的双重要求使这些年轻的女孩在社会竞争中承担了更多的成本，使得她们要通过工作来实现个人价值更为艰难，也就难免产生了用婚姻疏散压力的想法。

因此，很多年轻女孩把竞争的眼光从就业市场转到"婚恋市场"，宣称要"先相亲，再择业"。在她们看来，就业形势远比婚姻形势严峻，工作远没有追求者挑选余地大。从小那么辛苦学习是为了什么？还不是为了过上幸福的生活。幸福的生活由什么来保障？当然是优越的物质条件和一份稳定的感情。既然工作障碍那么多，如果嫁得好，就可以少走弯路，甚至直接达到目的！

即便单纯就婚姻的角度，现在年轻女孩也对早婚持有自己的看法。"早点结婚，可以从从容容地有孩子，父母也年轻，能帮着带孩子。"如今的小菲正准备当妈妈，"再晚一点，稍不留神就成了高龄产妇，体型恢复慢不说，父母身体也走下坡路了，孩子又小，事业正关键……反正结婚趁早，其他一切都可以名正言顺地趁早了！"

与现在年轻小女生们的高调甜蜜相比，那些早早就步入了婚姻殿堂的小男生们看来有些像珍稀动物。当初，大伟也曾经对小菲说："等我们经过 8 年恋爱长跑，我再向你求婚。"但他很快发现，恋爱不是件轻松的事。为了制造浪漫，他要花费大量的时间和金钱，这些都是工作以后的他很难实现的。思来想去，大伟还是把小菲娶回家，"结了婚，我们都知道节约过日子了。虽然婚姻没有想象的那么美好，但也算过得有滋有味。我是个不会照顾自己的人，小菲把我的一切都打理得井井有条，让我没有任何后顾之忧。如果没有她，我的事业不会发展得这么快。"

在这些年轻男孩看来，大学里的爱情不再只是"浪漫缥缈"的代名词，而成为社会婚姻的"预备役"。大学是一个人踏入社会前，相对比较单纯和空闲的时间，在这段时间培养爱情，比起日后忙碌工作中挤出时间来，更能让他们享受到感情的美好。况且，面对社会上激烈竞争所带来的诱人契机和巨大压力，他们也期待在两性关系稳定下来之后，能够全力投入到个人发展中。

贴上了婚姻标签的大伟很知足，他认为，稳定而幸福的婚姻能够极大地帮助一个男人，通过婚姻，他得到的远比失去的多得多。

新婚看起来还不错

新婚生活看起来还不错。在相当长的一段时间里，大伟和小菲都觉得自己在婚姻问题上做出了正确的选择。大伟的确很忙，新公司、新环境，一切都是那么新鲜、富有挑战性，这正是大伟喜欢的。不仅如此，大伟的辛勤工作也得到了很好的回报，他的职位和薪水都比同龄人升得快。

小菲的工作很轻松，这使她有更多的时间打理家务。在大伟加班的时间里，小菲就跟小姐妹们聚到一起，逛街、做美容、聊天……拥有这样的婚姻生活，小菲也觉得很满足。

一天，大伟异常兴奋地回到家里，告诉小菲自己将被提升为一家分公司的经理助理，公司还许诺他年终将有一笔数量可观的分红。为了表示庆祝，大伟和小菲出去吃了一段晚饭。

"你要去的，是哪家分公司呢？"席间，小菲突然问道。

"X市。不错吧？"大伟很期待地说，"在那里我会有更多的机会！"

"那，我怎么办？"

"我们可以搬家呀！你当然要跟我一起去！"

小菲愣住了。她没想到大伟就这样替自己做了决定。自己的工作呢？房子呢？这些，大伟都想过吗？

"反正你的薪水也不高，不如做全职太太，至于咱们的房子，可以租出去，租金刚好还 X 市的按揭，我已经托人在那里找到一套房子，团购，价格便宜，就等首付了……"

小菲有些糊涂了。这是怎么回事？为什么这些事情大伟不跟自己商量？自己的工作做得很开心，为什么要辞职呢？而且在 X 市她没有朋友亲人，谁都不认识啊！

但是小菲最终还是听从了大伟的方案。半个月以后，小菲辞掉工作，搬进 X 市的新房子，做起了全职太太。

生活似乎安定了，但是小菲的心再也不能平静。虽然不用天天挤公交车上班，生活看起来没有任何压力，小菲还是觉得不快乐。时间似乎多得无法消磨，以前喜欢的书现在却看不下去；还有，以前总是抓紧时间做家务，现在却懒得动弹；以前的周末，总是跟小姐妹聚在一起，说说悄悄话，现在却只能呆在家里看电视……最糟糕的是，自己变得越来越患得患失，她希望大伟能够有更多时间陪她，跟她在一起，她甚至还经常举出两个人谈恋爱时的例子，以证明大伟现在对她不如以前那么好了。

很明显，事情有些不对劲了。大伟和小菲，第一次觉得对方是那么不可理喻。"你这是怎么了？我这么努力工作，还不是为了你，为了我们的将来？"大伟恼怒地说。他不明白，他的妻子，这个一直温顺的像小绵羊似的妻子怎么突然变得这么不通情达理。

"我们在一起的时候，你总是在谈你的工作！"小菲抱怨说，"你的心里根本就没有我！"

看到小菲委屈的样子，大伟心烦意乱。本来一切都在计划中顺利地进行，用不了多久，大伟的事业就会出现新的突破，他们的生活将上一个新的台阶，为什么对这一切，小菲非但不感激，反而怨声载道呢？

解决方案：在婚姻中学习成长

从表面看来，这个小家庭的矛盾源自大伟的工作调动，似乎如果没有发生这件事，小菲和大伟就会平静而幸福地生活下去。果真如此吗？事实上，我们也看到，在这一事件的发展过程中，不管是小菲还是大伟，他们的行为都有值得商榷的地方。也就是说，两个年轻人的矛盾源于他们不成熟的处理问题的方式，假使没有调动这件事，他们也难免会遇到其他的矛盾。

不管现在年轻人对自己和未来生活有着多么积极的向往和假设，婚姻毕竟意味着承诺和责任，是心智健全的成年人才能掌控的幸福。对于已经是成年但又非常年轻的小男生和小女生来说，如果只是生理上成熟，心理上却还处在孩童阶段，婚姻就无异于建在流沙上的高楼，看似风光，实则危机重重。说到底，在新时代，多元的选择与后果的承担同样被尊重，光凭一时的新鲜与勇气，是不足以替幸福买单的。

◎不要让工作主导了婚姻的进程

大伟是个幸运而出色的男孩。在同龄人还找不到人生方向的时候，他已经锁定了目标，全力前进了。他把大量的时间投入到工作中，并从工作成果中得到了满足感，对一个男人（不是男孩）来说，没有什么比事业的顺利更让人兴奋了。

同时，大伟也兼顾了家庭。他承担了家庭的经济压力，给小菲创造了一个颇为轻松的生活环境，表现得很有责任心，这也是很多年轻人做不到的。

但是，大伟在婚姻中表现得太过自我和强势了。在他看来，小菲非常柔弱，像小草一样需要呵护，自己必须代替小菲做出选择，让小菲享受无忧无虑的婚姻生活，如果没有自己的理性掌舵，这个家庭就会失去方向。大伟在调动之前，他向小菲挑明，如果不按自己的计划行动的话，她一定有什么地方不对头；在调到 X 市后，当小菲说他工作的时间太长，他又指责她不感激自己为家庭经济利益所做出的牺牲。简言之，大伟是在暗示小菲，她的想法是有缺陷的，不值一提，她根本没有独立思考的能力。

事实上，大伟并非履行了一个丈夫的职责，而更像是一个父亲。小菲也不是未成年的女儿，而是一个地位相当的妻子。当大伟刻意忽略小菲的想法，在小菲身上施加了过多的控制作用时，小菲就会产生依附于人的不安全感，这种想法，在她远离朋友、失去工作、与外界联系减少之后，表现得愈加强烈了。

正因为此，小菲更加关注大伟对自己的爱，这是让她感到安全的唯一途径。她越感到不安，索取的爱就越多，而大伟给她的关怀就像无底洞一样填不满，这让两个人都感到疲惫不堪。

回过头看，在工作的问题上，大伟的解释也有失偏颇。要知道，爱情生活的质量会影响工作，工作同样也会影响婚姻。大伟正是让工作主导了婚姻的进程，让小菲感到不安。小菲嫁给了他，他却嫁给了工作。他把时间都投入到工作中，婚姻却被晾在一边，难怪小菲会抱怨"你的心里根本没有我"了！

说到底，大伟把整个家庭框架构筑在自己的思想之上，他所谓的前景规划，完全是按照他自己的价值判断，而不是小菲的。这恐怕也是很多现在年轻人会犯的错误。在婚姻中，我行我素是不被欢迎的，不考虑伴侣的感受，将伴侣排斥在自己的思想体系之外，其实也是心智不成熟的体现。而真正成熟的婚姻，是夫妻双方都能独立思考，彼此尊重，共同将家庭经营的重点突出，详略得当。

◎ **不要让人包办了自己的思想与未来**

在调动事件中，小菲从一味顺从丈夫的习惯中苏醒过来，在内心提出质疑，其实是一种心灵的进步。与大伟相比较，小菲的心理成长更不充分，一个明显的表现就是，她总是把选择权交给别人，而不知道自己究竟需要些什么。

心理没有充分成长的人，往往希望在婚姻中找到父母，像儿时一样，包办他的思想与未来。他们的心态是孩子式的：没有自己的想法，不能妥善地照顾自己，遇到挫折了就找别人解决，解决不了就怨天尤人……在小菲的例子中，丈夫大伟成为父母的替代者，小菲也心甘情愿把自己塑造成小鸟依人的形象，以致大伟在任何事情上都自作主张，忽略了小菲的感受。应该说，在大伟的自我和强势上，小菲也要承担一定的责任。

其实，小菲的问题在很多年轻女孩身上都能看得到。这些过早走进婚姻的女孩，未必能够真正理解婚姻的意义，甚至她们的家长也在其中起到推波助澜的作用。"我把女儿交给你了！"一句话体现了父母与丈夫的责任移交。女孩从学校的大门走出，立刻就踏上婚姻的台阶，一路走来，自有父母、老师、丈夫为其挡风遮雨，自己却未曾经历真正成长的过程，这样不成熟的心态，又怎么可能经营好婚姻呢？

小菲们对婚姻的概念是模糊的。她们有太多保驾护航的人，有太多指路灯，她们的行走是迷茫的，是被指引的，而非出于自觉。在学校如此，在婚姻中亦是如此。如果撤掉了那些保护伞，她们自然就无所适从。所以，当小菲失去了原本游刃有余的生活，意识到时间和金钱的丰盈并不能填补心灵的空虚，丈夫的选择不是自己想要的，她也就难免陷入慌张之中了！

对小菲们来说，这种慌张实际上是一种促使她们成长的力量，是站在自我边界的正常表现。正是因为她们体会到这种慌张与迷茫，才会主动去寻找一条清晰的线索，这条线索，将指引她们走到自己的灵魂深处，探听她们内心的声音。究竟什么才是我真正想要的？怎样才能让我过得充实快乐？只有当她们了解到自己的状态和需要，并且有勇气和耐力去实现这种需要，不断提醒、约束自己的思想和行为，才能寻找到迷失的自己，补回欠缺的那份成长。

看来，在婚姻中出现不和谐音，未必就意味着婚姻的触礁，说不定还是一个夫妻双方共同成长的契机。说到底，这种追寻自我的过程不仅仅是完善婚姻的需要，也是每个人在成长中的必经之路。如果以开放的态度面对问题，接受改变，那么即使你的婚姻根基不稳，也会在后期加工中夯实基础，人生亦如是，如果听从内心真实的意图，就不会在教化的丛林里迷失自我，就不会出现那些自我价值旁落、目标模糊的问题了。

婚恋观 14. 闪婚

　　"闪婚"的概念，来自于"闪客"、"闪存"之类的新名词，意思是"很快很快结婚"。婚姻大事，原本应该更细水长流一些，毕竟是要在一起过日子的，单凭一时的感觉就去民政局锁定彼此，颇有几分冒险意味，然而，在这个"快餐爱情"时代，就连结婚、离婚的程序都改成了更为便捷的方式，"闪婚"的出现，可以说是时代发展的一个产物。"觉得找对了人，就立刻结婚，这样至少会认真对待彼此的这段恋情，否则不讲责任，随意谈来谈去，婚姻也就不再纯粹。"——"闪婚"者这样说。

　　在这个新时代，结婚和离婚似乎越来越轻而易举，有时候，对婚姻做出决定几乎是可以不假思索的。当感情和婚姻不按理出牌时，"闪婚"又会给我们带来什么样的思索呢？

相见恨晚的婚姻

小高是一个摄影师，闪电是他最喜欢拍摄的素材。

为了拍摄闪电，小高经常奔走于昏天黑地的旷野中，忘却自己的危险，专注地寻找、等待那扣人心弦的瞬间。

当然，野外探险、露营也是他的一大嗜好，既可以挑战自我、强身健体，又可以欣赏美景、兼顾工作，何乐而不为？

只是这些爱好，可不是所有的女孩子都能消受的。小高谈过几个女友，都因为兴趣爱好差异太大而告终。如今小高已经27岁了，仍然形单影只，虽然小高自己抱着顺其自然的态度，父母却有些着急了。

在一次探险中，小高认识了李珥，一个同样喜欢摄影与探险的女孩。女孩有着漂亮的小麦色皮肤，和一双亮晶晶的大眼睛，健康充满活力。

那是一次很有挑战性的探险，小高和李珥组成搭档，把探险搞得有声有色，精彩纷呈。在一些危险的瞬间，李珥用自己的经验和无畏成全了小高的拍摄，也让小高第一次近距离地欣赏了一个女孩不流于俗尘的美丽。

旅行刚刚回来，小高就迫不及待地对家人宣布，自己已经找到了生命中的另一半。

"这么说，你们准备结婚了？"既然是儿子的选择，父母当然非常高兴。

"这个嘛，她还没答应做我的女朋友呢。"小高挠挠头说。

第二天，小高出现在李珥环的门口，捧着鲜花，拿着钻戒，对李珥说："你愿意嫁给我吗？"

李珥吓了一跳："你敢娶我吗？"

"当然了！"

虽然对小高很有好感，面对这突如其来的求婚，李珥还是犹豫了一下。

"好吧！你敢娶我，我就敢嫁！"然而只是犹豫了几秒钟，李珥就爽快地答应了小高的求婚。既然对方是自己的意中人，还有什么可犹豫的呢？

这是小高和李珥相识的第七天，就在这一天，两个年轻人兴致勃勃地走入婚姻登记处，用一纸证书开启了他们的婚恋。

爱可以像闪电一样被定格吗？

"为什么不能？"现在年轻人反问道。既然细水长流般的马拉松长跑也不能保证婚姻的幸福，那么，让婚姻领先恋爱又有什么不可以呢？也许在一些人看来，闪婚只是被一见钟情的爱情激浪冲昏了头脑，现在年轻人却能够在激浪中腾得出手来打自己的小算盘。厮混两年真的就比两个月知道的多吗？如果真想考量对方，一顿饭就够了，处处留心皆学问，那些扑面而来的细节自会争先恐后地告诉你很多很多。

也许选择的关键是，你能否在正确的时间遇到正确的人。崇尚个性的现在年轻人早已称好了自己的盘算，只等那些层次相当的人来匹配。OK，时间刚好，可惜你不是我的那杯茶，对不起。令现在年轻人动心的爱情，最开始的情节未必石破天惊，未必花团锦簇，却必有不同凡响之处，而所谓的不同凡响，只有当事人才体会的到，才乐于享受。"我吸引你，你也得吸引我"，现在年轻人的爱情是如此不可预知，就像突然被人塞了一颗糖，而你没想到他知道你爱吃的正是那种糖。这种相知的欣喜可遇不可求，如果错过了，该是何等的遗憾呢。

所以，现在年轻人才不会承认，闪婚是为了一见钟情而不顾一切。"我才不会飞蛾扑火呢！"现在年轻人辩解说，如果浪漫和危险等同，我们宁可不要浪漫！但是，既然已经认准了彼此，狂势地投入到爱情的怀抱有什么不好？现在年轻人讨厌复杂的爱情游戏，他们已经被过早的爱情旅行搞坏了胃口。因而，一旦恋情展开，一切都会快速转向明朗、公开和正式，譬如结婚。毕竟，在貌似对传统婚姻的反叛之下，忠实、深情、永恒仍然是现在年轻人喜见的字眼。

事实上，闪婚并不是现在年轻人的群体选择，但却作为一小部分"异族"被主流的年轻人所尊重。甚至，尽管被罩上感情冲动、心灵空虚、利益速配的帽子，闪婚一族的队伍仍然日渐庞大。爱情无罪，闪婚有理，也许对现在年轻人来说，没有什么比忠于自己更值得坚持，这也正是新时代婚恋的风格——强烈的个人风格与传统模式并存，在知性的反理性中，孰是孰非，见仁见智。

我更愿意体会那一闪而过的美好时光

李珥第一次跟小高闹别扭，是在结婚的半个月后。

那是一个周末，两个年轻人"照例"开车到野外度过这两天的休闲时光。越野车里除了帐篷、睡袋、防潮垫、炉具、手杖、笔记本等野外用具，还有小高的摄影器材："三架相机、三只镜头、胶卷、电池、三角架、快门线、滤光镜等。"开车的小高兴致勃勃，自从有了李珥这个默契的搭档，他的野外摄影进行得更加顺利了，每次都大有收获，尽兴而返。可是小高并不知道，身边的妻子其实有不一样的想法。

"结婚以后，我们大部分的业余时间都是在野外度过的。"李珥说，"这没有什么，因为我也喜欢这样的生活。问题在于，我们把几乎所有的野外旅游时间都花在了摄影上！"

对李珥来说，旅行的目的在于感受自然、体验绿色生活，从平日里高节奏的生活中释放出来，摄影只是一个小点缀而已。当这个小点缀上升为主要目的，李珥感觉自己从旅游中获得的乐趣变少了。"摄影并不是我的专长和爱好，我只是尽可能地当好小高的助手。"李珥把欣赏美景、与自然沟通的时间都让给了摄影，这种旅游的纯目的性让她觉得乏味。"虽然闪电可以定格，但我更愿意体会那一闪而过的美好时光。"因为习惯的放松手段被消弱，李珥感到疲惫在慢慢积累。当又一个周末来临，李珥更愿意留在家里，彻底地放松，而不愿意投入另一场"摄影之战"，但她的这种心情并没有得到小高的理解。

"小高对摄影的痴迷曾经让我感动，但这种感动并不能代替现实生活。"在李珥看来，小高就是为摄影而生的，除此之外，他的生活智商"几乎为零"。小高从来不记得按时吃饭、作息，李珥却是个生活极其规律的人；小高总是把不同颜色的衣服全部扔进洗衣机，把李珥的白内衣洗成灰色……最让李珥不习惯的是，小高在摄影之外鲜有其他话题，而且平时少言寡语，对李珥挑起的话题似乎也不太感兴趣，更不用说专门抽出时间陪李珥聊天了！

"我似乎嫁给了一个不懂感情的摄影机器，他娶我只是因为我是一个很好的助手。"那个周末，当小高再一次醉心于摄影世界，不留心李珥差一点被毒蛇咬伤，李珥的委屈彻底爆发了。她向小高倾泻了所有的愤怒，然后一个人搭便车回到市里，拿走自己的行李住进了朋友家。

解决方案：闪婚后记得要谈恋爱

小高和李珥碰到了闪婚族的顽疾："因为不了解而结合，因为了解而分开。"看来，生活毕竟不是好莱坞电影，如果现实太过荒芜，一见钟情的火花未必能成燎原之势。那么，怎样才能让爱火持续燃烧，让婚姻生活在"春风吹又生"中欣欣向荣呢？

让婚姻领先，闪婚族的确够勇敢，但如果省略了恋爱这一道

程序，这种勇敢就会变成莽撞。其实，聪明的现在年轻人只是用闪婚解构了传统的婚恋，所谓殊途同归，幸福的婚姻仍是最终的目的，只是恋爱所处的位置不同罢了。

◎用心挖掘对方的优点

恋爱中的年轻人，往往会不经意地放大对方的优点，对缺点视而不见，即便看到了，那些缺点也会因为浓浓的爱意而变得可爱起来。迈入婚姻以后，当激情慢慢变为温情，现实蜂拥而至，放大镜的目标就变成对方身上的小缺点了。"原来你这么任性！"角度一变，对方可爱的小刁蛮霎时变成了无理取闹。

对闪婚族而言，角度变换所带来的打击更要强烈。毕竟，一个足够长的恋爱期能够承担一定的磨合工作，而闪婚族的婚姻无异于爱情的硬着陆，稍不留意，那一霎那的碰撞可能会让本来就不够稳固的感情烟消云散。

当不可回避的适应期跟恋爱期重合，闪婚族必须在婚姻生活的情感和恋爱的激情中合理调配，既不能让激情掩盖矛盾，也不能让平凡生活压抑了激情。这的确是一个难题。怎样才能使一见钟情的感动不被现实埋没，并且发扬光大？怎样才能在现实的考量中，应对那些扑面而来的失望？

想想恋爱中的我们都做了些什么吧：因为拥有对方而感到幸福，眼睛里全是对方的好，忍不住想为对方做点什么，对方的回报给自己的是惊喜而不是理所当然。其实，即便放在婚姻中，恋爱也并没有改变它的本意，甚至，如果真诚地用上面的态度对待婚姻，你得到的会更多！

"可是，他的确做得不够好！"现在年轻人反驳说，"我不可能忽略他的缺点。他的缺点给我们的生活带来了麻烦！"哦，他有很多缺点，这些缺点让你后悔了吗？你在怪自己没有及时发现这些缺点，以致上了婚姻的贼船吗？

其实，一个关于幸福婚姻的真相是：并非只有完人才能享受幸福的婚姻生活，不管你们多么般配，也仍然会有碰撞的时候。婚姻的幸福与否只是方法问题，当你过分执着于伴侣的缺点，那么不幸福的根源可能在你本身：你总是想着伴侣的不足，哪里还有时间去挖掘他的优点？如果你看不到他的优点，又怎么会感觉幸福呢？

如果你一定要把你的伴侣跟好莱坞电影主角相提并论，失望是必然的，那些不切实际的期望只会阻碍你全面欣赏你的伴侣，对那些缺点的耿耿于怀只会困扰你的婚姻。而你，也不希望对方追着你的缺点不放，让你喘不过气来吧？

◎学会欣赏差异

"我希望他……"当李珥在内心对小高做出期待的时候，小高已经想当然地把李珥带入自己的生活中。问题可不是一条行凶的毒蛇那么简单。那么，问题出在哪里呢？

表面看来，问题出在小高身上。小高错误地认为，自己已经找到了完美的另一半，李珥一定是以与自己相同的方式思考和感受。然而事实上，一见钟情的欣喜正是因为来源于两个不同的个体，何以有共同的爱好就代表个性的等同呢？更进一步说，野外旅游是小高和李珥共同的兴趣，但他们能否从中体会到乐趣，还要取决于交流的方式。小高固然得到一个好助手，然而他的幸福感的增强却伴随着李珥幸福感的减退，也难怪李珥会忍无可忍。

在日常生活中，小高的做法也不尽如人意。首先是生活习惯的问题。很明显，小高的生活习惯不健康，但并没有因为李珥的出现而做出改变。另外，小高过于专注自己的爱好，要求李珥的配合，却又对她的需要视而不见，使李珥感觉到自己生活在感情的沙漠里。

或许我们会问，不是只要对伴侣的错误报以宽容之心就好了吗？诚然，我们也谈到，人无完人，不是只有完人才能拥有幸福的婚姻，但是这并不意味着个人只要理直气壮地坚持错误就可以了。虽然很多事情只是一个看法问题，并没有对错可言，但"有则改之，无则加勉"仍然是幸福生活的秘诀。我们不妨再次回忆那些恋爱秘诀：为共同而欣喜，也要学会欣赏差异，我们感激对方给我们一个与众不同的视角，让我们的生活更加丰富多彩，而不是等着一个跟自己完全相同的人挤在那个熟悉的小世界里。

小高的做法无疑是自私的，他虽然迈入了婚姻，却没有承担起相应的责任，而是把这些都推到李珥的头上，终于使得李珥不堪重负。但是另一方面，李珥的做法也有欠妥当之处。为什么不告诉小高自己的需求和感受呢？婚姻是需要配合的双人舞，而不是单方面的委曲求全，与其消极地等待小高"回心转意"，何不主动出击，大胆争取自己想要的幸福呢？也许小高需要的，只是一次次善意的提醒，而不是最后一发而不可收的控诉。

婚恋观 15. 晚婚

恋爱同居，大家可以只要感情就行，但是当对方希望结婚的时候，往往就开始要求很多现实因素。虽然现在很多年轻人月收入过万，过得也相对自在，但想要买房买车，却显然不切实际。父母又都是普通职工，他们不可能去问他们要房子要存款。同时，这些年轻人也不愿意为了结婚去一分一分省钱，完全放弃自己的生活方式。于是最后，往往不了了之，再开始下一段恋爱，如此循环往复。

很多时候，结婚需要一时冲动，这种冲动在最初几次的恋爱中经常显现。但是恋爱多了，这种冲动越来越少。并且，不知道从什么时候开始，结婚变成了一件需要很多步骤的麻烦事情，从想要结婚到真的结婚，需要保持一个长时间的冲动，太可怕了，这些未名的可怕因素致使现在很多年轻人产生了不结婚的念头，觉得婚姻离自己越来越远。

一见钟情后的爱情

　　小美对同系的师兄阿康是一见钟情。在大一报到的那天，很多新生排队等候办理注册，阿康在报名处负责接待工作，他浅黄色的上衣，谦和阳光的笑容，深深吸引着小美。从那天起，小美就对他一见钟情了。

　　那个时候，小美还是一个非常单纯的小女生，她漂亮可爱，活泼开朗，吸引了不少男生的眼球。她本以为，男孩都是用眼睛谈恋爱的，眼睛得到了满足，心自然也就跟着满足了。可出乎她的意料，阿康并不是用"眼睛"在谈恋爱，他有一个相貌平平的女朋友，但据说是中文系的第一才女。

　　由于小美有意接近，很快，小美跟阿康熟悉起来。但是小美的美丽只能围绕在阿康身边，却始终飞不进他的心底。每次交谈一些事情，小美只有倾听的份，最终他只能无奈地与她对视。

　　小美终于明白，阿康要的是"有大脑的爱情"，即便自己长得再漂亮，如果没有内涵，在他眼里也算不上真正的美女。因此，小美暗暗下决心，要成为阿康心里一道闪亮的风景。她根本没有想过要从那个女孩手中把阿康夺过来，只是卑微地想，只要他深深地看她一眼就心满意足了。

　　小美本来就是个聪慧、悟性又极高的女孩，开始努力学习以后，她发现求知对她来说并不是件难事，并且深入后体会到很多乐趣。小美的进步令人咂舌，在学期期末考试中，她获得年级第一名的成绩，再加上平时超高的综合测评分，很顺利就拿到了一等奖学金。

小美的努力是有目的的。她只看他喜欢的电影,只读他喜欢的书，几乎所有只要他喜欢的,她都会去学习。渐渐地，她在他的谈话中假装不经意插上两句，看到他惊讶的样子，她就暗自欣喜。

他终于在关注她了。小美小心翼翼地维持着自己的风度，她知道他要什么不要什么。她不会强求不属于她的爱情，她的爱情应该是干净的、纯粹的。直到有一天他的感情终于起了危机。

有一天，阿康终于跑来向小美示爱，说原来女友并不了解他，真正了我的人是你。就这样小美不动声色地俘虏了自己的白马王子，在大三的时候，他们终于成为校园里最抢眼的一对，这让很多同学心生艳羡。

毕业4年以后，小美从美国回来，第一次参加同学聚会。她发现很多女生，不管漂亮或不漂亮的，都嫁作人妇，有的还有了小宝宝。即便没有结婚的女生也都带了男朋友。只有她，当年的校花兼才女，还是形单影只，孤伶伶坐在角落里。

有好事的同学小心翼翼地问道："你的白马王子呢？"只听说小美和阿康毕业后闹过分手好几次，后来又合好，这一次，该不是又分手了吧？

面对同学的疑心，小美坦然回答道："他今天临时有事，赶不过来。"其实小美并没有撒谎，6年后的今天，他们仍然在一起，每个人的事业都做得很成功，只是婚姻，好像离他们越来越远了。

难找的爱情栖息地

　　法定婚龄是婚姻法规定的最低的结婚年龄的界限，并不是必须结婚的年龄界限。我国现行计划生育政策规定，迟于法定婚龄（女 20 周岁，男 22 周岁）三年及以上结婚者（女 23 周岁，男 25 周岁），即为晚婚。但在人们的一般观念里，这早已经不算晚婚的年龄了。最近的一项对北京、上海、广州、西安等 10 个城市 1073 对结婚 3 年以内夫妇的调查结果表明，这些夫妇的平均结婚年龄是：男性 29.2 岁，女性 27.1 岁。看来，给 80 后或 90 后的这些年轻人戴上晚婚的帽子似乎不太合理。

　　既然这些年轻人不能被纳入晚婚一族，我们在此的谈这些有什么意义呢？我们不妨先看看小美的例子。她今年只有 26 岁，可谓年轻漂亮，事业有成，还有一位同样出色的男朋友，似乎已经具备足够的条件去组建一个快乐幸福的家庭生活，但她却觉得婚姻离她"越来越远"了。这真是难以理解！她并不是单身主义者，也不认为事业能够带给自己完整的满足感，她也向往婚姻，把婚姻当作自己幸福的归宿……那么，到底是什么原因在阻碍她追求幸福呢？到底是什么让她不想走进婚姻的殿堂呢？

　　带着这些难以理解疑问，我们先回忆这样一部电影的情节："一个初中的小男孩爱上了他的同桌，一个笑起来很甜的小女孩，男孩没有胆量示爱，只能每天不吃早饭早到教室，只为了跟住校的同桌单独待几分钟。他们可能直到毕业也没说过几句话，可是小男孩却很认真地想到和小女孩"结婚"，甚至用了好几个晚上谋划，未来怎么带女孩见家长，怎么举行婚礼，怎么出去度蜜月，怎么过一辈子……"

"这也太不现实了吧！"现在年轻人可能这样说。的确，这么幼稚的故事大概不会发生在现在年轻人身上。因为现在年轻人从来不缺少发现现实的眼睛，他们懂得隐藏心里面的童话，懂得不奢求童话中的幸福。他们的思想也许正像一首歌里唱的那样："工作是容易的，赚钱是困难的；恋爱是容易的，成家是困难的；相爱是容易的，相处是困难的……"现在年轻人不会忘记提醒自己，有些东西一旦脱离了梦的世界就无所生存。也正因为此，他们无限接近婚姻却似乎永远也不能到达。

"再等一等吧！"现在年轻人说。的确，现实中有太多需要顾及的因素，例如居高不下的房价，例如教育产业化，例如高就业低工资，例如"自愿加班"，例如学历贬值……这一切的一切将现在年轻人幸福的目标拉得越来越远，让现在年轻人心中生出了种种疑惑，完美的婚姻可能存在吗？即便是在事业上成功的小美，也未必能找得到爱情的栖息地……

原来只是两条平行线

本来，阿康打算在小美毕业的那天向她求婚的，但是小美却在毕业的前一天告诉他，她准备出国留学。

那个时候，阿康已经进入一家跨国公司，公司给了他很好的成长机会。但对于一直追赶阿康脚步的小美来说，难免会有紧张的气息。小美想，自己一定不能比阿康差，不如趁这段时间再给自己充电。况且，他在她心里仍然还是一个谜，她就像走在迷宫里一样，团团转怎么也找不到出路。也许自己更优秀了，就可以了解他了。

那年的圣诞节，小美抑制不住对阿康的思念，偷偷一个人从美国跑回来。可眼前一幕小美惊呆了，在他们以前常去的咖啡馆，小美却看见了阿康正在和别的女孩约会。

小美二话没说，直接飞回美国，阿康为了解释这个误会，也飞到美国，并且，拿出早已准备好的求婚戒指，可是小美却拒绝了他。她不是不爱他，只是她总觉得两人之间还是有很大的差距。在他面前，她一直扮演着他喜欢的女孩，却把自己的需要全部封存起来。如果婚姻一开始就是不平等的，她宁可不要。"再等我两年吧。"小美说。

她真是个努力的小女子，很快就拿到了学位，归国，创立了属于自己的企业管理咨询公司。因为找到了适合的市场切入点，小美的公司一开始就走得很顺利。

事业上成功的小美,终于觉得可以和阿康平起平坐了。她暗示阿康向她求婚,这时的阿康却说,自己已经有了心上人。

小美被现实当头一棒,自己精心追求的恋情换来却是这样的结局,她难以理解,也不知道自己到底做错了什么。一直以来,她都配合着他的脚步,她从不催促他给她打电话或发短信,因为她知道他心里还有事业、成就、朋友、消遣和秘密,她甚至从来不在他面前哭,因为她不愿意因为自己的眼泪让他心软。可是她却不知道,这些反倒成为他移情别恋的借口。阿康说自己太累了,她对他而言,与其说是爱人,倒不如说是知己。她太独立了,他无法在她那里找到情感的归宿。

从此,他们开始了真正的分分合合,其间小美也谈过其他的男朋友。可是没有一个男孩,包括阿康,能够跟她走进婚姻。如今,小美早就不再专注于阿康的世界,她拼命地追上了阿康,却发现他们只是两条平行线。为什么她的爱情成就了事业,事业却没有回报爱情呢?

解决方案:改进你的爱情图谱

从表面看来,小美漂亮,海归,事业有成,她的人生似乎无懈可击,只欠缺一份能够成就婚姻的爱情。可是,单单从这一点,小美就已经输给了很多看似平凡的女孩。因为这些女孩也许没有美丽的容颜，也许没有成功的事业，也许两者都没有，但是她们有着一份平淡、幸福完美的婚姻生活。

这也并不是小美现在的生活不幸福，不完美或不够精彩，但她所追求的婚姻没有如愿以偿，的确是她目前生活的缺憾。以小美现在的年纪，肯定不能归于晚婚一族，但如果她不改变现状，不改变处理感情的方式，又想求得完美婚姻的话，将来很有可能迈入晚婚的行列。或者她屈从于现实，勉强进入婚姻，也未必能感受到婚姻的甜蜜。

◎ 撕掉内心的那张照片

主动向对方靠拢，是恋爱中年轻人经常会做的事。这个时候，恋爱双方都会表现出自己最好的一面，欣赏着对方的优点，同时又表达出："嗨，你看，你欣赏的素质我都有，而且我还有更精彩的地方！"在崇尚个性的现在年轻人正常的婚恋中，对方和自我的个性都应该是被尊重的。

但是在小美的爱情中，她一开始就"主动地"把自己置于被动的地位。爱情催人上进本来是好事，但小美却偏离了方向，"只看他喜欢的电影，只读他喜欢的书，几乎所有她以为他会喜欢的，她都去学习"，她试图把自己打造成一个阿康心目中完美的女子，以博得阿康的青睐。

在这一过程中，小美把自己的目标和阿康的偏好合为一体了。然而事实上，她对阿康的了解是偏面的，根本是基于她自己的理解。所以，当她最终跟阿康走到一起，反而觉得"就像走在迷宫里一样"。小美并没有意识到这一点，她把这归罪于自己，认为是自己不够好，站得位置太低，所以才看不清楚对方。因此她加快了步伐，更加努力，期待有一天能跟阿康"平起平坐"。

事实上，小美和阿康之间，真的是因为差距而产生隔膜吗？当然不是。出现问题的真正原因，是两个人没有进行深入的沟通！结果小美继续扮演一个她以为阿康会喜欢的女孩，却不知道阿康更希望看到真实的小美。真实的小美是怎样的呢？恐怕小美根本没有勇气呈现出来，因为她太没有自信了，在她的潜意识里，认为真实的自己根本配不上阿康，根本就没有资格获得阿康的爱，而有资格获得爱情的就是一个在学业和事业上都有很好成绩，并且从来不在男人面前哭的新时代坚强女性！

看到这里，细心的读者也许已经看出端倪，阻碍小美享受爱情的，是她内心里的那张照片。照片里的人非常完美，才有资格享受到成功快乐的人生！

在前面的章节里也谈到，要放弃对伴侣的那些不切实际的期望，这样会阻碍你发现真实的快乐。然而也有一些年轻人，他们对自我的要求非常严格，以至于他们怀疑当下的自己没有资格享受生活。他们经常做这样的填空题：只有（如果）……，我才会（就会）得到美好的生活！

不是吗？我们常听到有人说，如果我赚到50万，我就娶你回家，我们好好过日子；如果我再升一职，拿到房屋津贴，我们就买房子结婚；如果……结果，我们总是渴望着更好的日子，却眼巴巴地看着快乐和幸福擦肩而过！

或许现在年轻人已经习惯了这样的谎言，他们很小的时候就被灌输以种种要求，这些要求总是以类似希望的形式表达出来：如果你学习成绩好，以后就可以读大学；如果你考上大学，就有无数个美好的日子等着你！结果呢，大学考上了，童年的幸福荒废了，毕业以后又进入新一轮的"如果"，结果幸福总是在遥不可及的前方！难道"现实"就意味着"不快乐"吗？

小美有很多次走入婚姻的机会，可是都被她以"没有资格"为由拒绝了。她的故事，其实正在以不同的版本在很多现在年轻身上表演着。

◎ 真正地了解对方

除了那张内心的照片，在小美的爱情图谱里，还缺失了关键的一笔：真正地了解对方。

我们一定会非常难以理解地问："他们在一起这么久了，怎么可能不了解对方呢?"这一点都不奇怪。很多现在年轻人都以为，他们一旦走到一起，就会自然而然地亲密起来。可是往往，他们只达成了身体的亲密，而精神上却还是熟悉的陌生人。平时在一起，除了做爱会起化学反应外，其他时间都在争论，这样的亲密能够带来幸福吗?

当然，不是所有的现在年轻人都会用身体的交流代替精神互通，但是现在年轻人的确不是热衷于交流的族群。他们会用QQ、MSN说出大段大段的独白，却不愿意在现实中吐露自己的情感;他们会用短信轰炸对方的手机，却很少会用信笺写一封情意绵绵的信。于是我们看到一对一对的"熟悉的陌生人"，他们在一起很久了，却仍然觉得很孤单。所以阿康抱怨，小美对他而言，"与其说是爱人，倒不如说是知己"，既然两人处在同一个精神层次上，却不能互相得到情感的安慰，那就做谈书论道的知己好了，何必要做恋人呢?

因为信息不对称，小美也误读了阿康的需要。她所扮演的完美女性是如此的独立自强，既不需要对方的支持，也不容许对方从她那里寻求支持。于是，如果阿康遇到了烦心事，却不能对小美一吐为快，因为小美在压力面前从来都是游刃有余的，他怎么可以或愿意在小美面前示弱呢？如果阿康倾吐了不快，小美不接纳怎么办？正是因为双方都不肯示弱，不愿意敞开心扉，所以他们才无法建立起亲密感，就像"两条平行线"，只能相伴，却没有相交的可能！

另一方面，小美又把亲密的希望建立在自己的"继续努力"上，这更使得她离亲密越来越远了。她的努力，不是增加交流的机会，而是给自己加大前进的砝码，要求自己在学业和事业上做得更好。然而，当她认为自己达到了要求，阿康却戏剧化地有了其他的心上人，即便以后回到她身边，小美也不可能再有最初的美好感觉了。

"为什么她的爱情成就了事业，事业却没有回报爱情呢？"小美犯了一个很大的错误，就是把工作和爱情混为一谈。诚然，经济收入、社会地位、知识经验以及别人的肯定和尊重都是人生需要的部分，可是爱情和工作终究是两件需要分开努力的事情。正是在这种模糊的意识下，小美即使找到了其他的男朋友，也不会得到婚姻，因为她难免会想："他能给的我都有，何必耗下去呢？"这个结果多么让人难过——小美交上了那道填空题的答案，却仍然没有收获幸福的婚恋！

其实，小美的"错误"在很多现在年轻人身上都看得到。他们给自己设定了一张内心的照片（对自己的要求），并告诉自己，如果做不到这些要求，自己就没有权利享受幸福婚姻。这些要求可是一套房子，一辆车子，一份高学历，一份高收入……可是，

人生真能这么圆满吗？或者说，只有这样你才有权利享受生活吗？当小美终于实现了内心的照片，可是却失去了跟爱人享受亲密的机会，她把所有的时间都用来实现自己的期望了，却不曾想，阿康想要的，可能仅仅是那个能给他温存与体贴的女孩。也就是说，小美的爱情图谱从一开始就有了偏差！其实，并不是事业的成功就可以拥有爱情的。

婚恋观 16. 素婚

在部分人不断追求着奢侈婚礼，大把花钱，大口喘气的时候，有另外一部分人选择了"素婚"。素婚并不是不重视婚礼，也并不是逃避，其实是更希望拥有一种真正属于自己的婚礼；素婚不是没钱人的专利，许多受过高等教育的白领，知识分子都在接受这种结婚方式；素婚也不是低调，不是简陋，它同样可以用简单形式操办出铭记一生的浪漫。正如一对新人所说："天空很蓝很蓝，我已飞过，不必刻意留下什么痕迹，幸福的人应该是隐身的。"

其实，素婚说白了就是简朴结婚，是一种个性、简单、节俭的婚礼方式。"素婚"的到来，意味着社会对勤俭节约的认识得到提高，同时也体现了现在年轻人相对独立的个性，"素婚"对传统婚姻习俗的挑战，是讲究效率的现代城市生活的体现。

两个设计师的婚礼

江良，建筑设计师；兰儿，服装设计师。他们毕业后来北京创业都有 4 个年头了。在一次偶然的机会这两位小年轻相识，由于相似经历，共同的感觉，让两个年轻人迅速靠近，两个人都想有个属于自己的温暖的港湾，于是相恋一年之后，他们结婚了。

两个设计师凑到一起，自然想法也就比较独特、出新。他们把新居安在大山子艺术区——在北京的东北角，有一个以上个世纪 50 年代建成的工厂命名的艺术区，这就是 798 艺术区。那里艺术氛围浓厚，虽然到市区稍远一些，但是一辆改装版的"快乐小王子"就可以解决问题；至于婚礼，更是拒绝大操大办，越简单越好。

其实在同龄人中，两个年轻人的收入已经不算低了，因为工作的特性，两个人还能在业余时间赚到不菲的额外收入。再加上双方都是独生子女，家庭条件不错，家长对婚事又很支持，按照传统的习惯，办一场风光体面的婚礼根本不成问题。可是这样做他们觉得有什么意思呢？

首先，两个人都不是本地人，亲朋好友都不在北京，把他们全部请到来，不仅经济上开销太大，旅途劳顿也够他们受的。再说，大家都有自己的工作和家庭，很难凑到一起来。于是，江良和兰儿决定，与其让婚礼在无意义的奔波劳顿中完成，不如趁着婚假，两个人出外旅游，长假结束后照常上班，这样既不影响工作又不耽误结婚，轻松惬意，省钱又省心。

不仅如此，小两口还想到了在网络上做文章。兰儿有一个习惯，就是把江良发给自己的情意绵绵的短信都保存下来，这下子短信可派上了用场。她在电脑上制作了一套婚礼小札，把这些短信都放在上面，还贴上了两个人平时的照片。江良则为小札添置了主题——一套模仿婚礼现场的 FLASH 动画。他们把婚礼小札一一传给全国各地乃至国外的亲友、同学，让天南海北的人，一起分享两人的浪漫和喜庆。很快，祝福的回复就如雪片般飞来，看着一条条原创的祝福，两个人感到由衷的幸福和感动。

一场简单而有情调的素婚

这样的婚礼可能我们每个人都不止一次地参加过：长长而豪华的迎亲车队、场面宏大的酒席场面、诙谐调侃的司仪、"重装上阵"的公公婆婆，出演"默剧"的一对新人……到场的宾客也不简单，一个红包没有一二百元拿不出手，若是遇上关系较近的亲朋好友，更是动辄上千元。俗话说，"亲情人情大如债"，一个月几家婚宴，一般工薪族简直招架不住。而那些准新郎新娘们，不但要承担巨大的婚礼开销，还要花大量的时间筹备，在工作忙得不可开交的同时，还要抽身出来拍婚纱照、订酒席、发请柬、请司仪、做美容……一场轰轰烈烈的婚礼下来，不仅新郎新娘自己身心疲惫，父母、亲戚、朋友也跟着受累。

如今对于现在年轻人来说，这种铺张浪费、劳民伤财的婚礼模式已经不是他们唯一的选择了。他们发明了很多新的婚礼模式：电子结婚（像江浪和兰儿这样借用网络贺卡通知亲友）、教堂宣誓、公证结婚、旅行结婚，或者其他更有社会意义的结婚方式，比如植一片爱心树，或者去敬老院看望老人。现在年轻人给这种积极、明朗的新婚礼模式定义为"素婚"，而把传统意义上奢侈铺张的婚礼称为"荤婚"，在现在年轻人看来，一场简单而有情调的素婚，更能传达婚姻的本意，凸现仪式所应具有的精神和内涵。

本来嘛，日子是给自己过的，婚礼也是两个人之间许下承诺、互订终身的誓言，若要体现誓言的独特意义，营造出铭记一生的感动，自然是一场真正属于两个人的、自行创意又别出心裁的婚礼最为恰当。而时下风行的所谓传统婚礼，形式雷同且不说，一对新人行礼如仪，周旋在一群并不熟悉的宾客中，反而沦为繁文缛节的配角，岂不是本末倒置，丧失了婚礼最为宝贵的精神本质！

不仅如此，传统婚礼的炫耀式浪费也让很多现在年轻人觉得吃不消。浮华过后，谁来买单？即便现在年轻人不再囊中羞涩，即便父母愿意用辛劳为儿女购买浪漫，这种一时的风光又有多大意义呢？难道越来越豪华的婚车、越来越贵的钻戒、越来越厚的红包，就等于越来越天长地久的美满姻缘吗？现在年轻人是清醒的，他们知道，幸福并不取决于钱包的厚度，也不取决于一场缤纷绚烂的结婚秀；现在年轻人是聪明的，他们不会为无谓的虚荣心付出高昂的代价，而是试图用最低的成本换取高质量的生活，用最少的金钱获得最大的愉悦和满足。现在年轻人说："结一场素婚，让别人羡慕去吧！"这样的反习俗，怎能不让人击节叫好呢？

爱情无需一个盛大的婚礼证明，而素婚本身就代表一种生活态度。这是一种新简约主义的态度，不靠奢华的外表标榜自己的优越，而是凭借内在的充实显示不动声色的匠心；不被商业社会的认知标准所左右，而是遵从自己的本心去选择生活；不拘泥于程式化的潮流，而是享受顺其自然的简单快乐……素婚的年轻人是可爱的，他们打破了头上那顶"物质化"的帽子，真诚而理性地引领了一种新的时尚。

两位设计师的父母对素婚叫停

江良和兰儿的素婚本来进行的温馨浪漫，可是婚礼小札寄到双方父母手里，父母们却不乐意了。江良的父母当即撂下话来：独生儿子结婚，不办婚礼肯定不行，不仅要办，还要大办。怎么个大办法呢？办婚礼的酒店要订高级的，花车也要有档次，酒席更不能差。兰儿的父母则委婉地提醒女儿："为什么江家不给你们办婚事啊？是不是对你不满意？如果江良对你不好，咱们不嫁了！"

双方父母的反应让小俩口始料不及。本来好好的创意，顷刻间就成了闹剧，搞不好还会破坏两家的关系。不就是素婚嘛，后果至于那么严重吗？

对于孩子的想法，江良的父母却归结为"不懂事"。他们说，人家女儿嫁到咱家来，总不能让孩子受委屈吧！对亲家又怎么交待？再说，家里就一个男孩，这样悄无声息地结婚，亲戚朋友们怎么说？如果婚礼办得太差，就会觉得低人一等，他们丢不起这个人。不仅如此，父母还提到了红包的问题，大家都是礼尚往来，现在这个钱却断了，咱们家没了收益不说，以后人家办婚事，还请不请咱们呢？这不是给别人添麻烦吗！

不精心地操办一下女儿女婿的婚礼，兰儿的父母同样也不赞成。"结婚也不是你两个小孩的事，也是两家的大事，现在物质条件好了，婚礼更应该办得风风光光的！"兰儿的父母还劝女儿，婚姻是一辈子的事情，可不能草草了事，做新娘是女人一生中最美好的时刻，只要有能力就应该尽可能地豪华一些，这样才不留遗憾。

两家父母通了几次电话，误会很快就消除了，同时也达成了一致意见：婚礼不办可不行，既然北京的亲戚朋友少，那就到江良的家乡办吧！日子就定在五一节期间，方便兰儿的亲友远道而来。

父母们商定后，立刻就着手准备起来，还很体谅地对小俩口说："知道你们工作忙，婚礼的琐事就不用你们操心了！'五一'你们提前两天回家就成！"

江良和兰儿面面相觑，五一节本来是准备出国旅游的，也早就跟国外的同学打好了招呼，这下怎么跟人家交待呢？

解决方案：爱和体贴比婚礼更重要

本以为婚姻是两个人的事，婚礼如何举行自然也是小俩口自己说了算，素婚移风易俗，既省钱又有意义，何乐而不为？没想到，素婚却招来双方父母的反对。

这两位设计师遇到的烦恼，相信也是很多选择素婚的现在年轻人首先需要解决的问题。毕竟，在中国人的传统中，成家与立业是一生中齐肩的大事。婚姻是神圣而庄重的，父母们若是认为，在经济允许的条件下，应该将婚礼办得像样一点，也是人之常情，无可厚非。

那么，面对父母对素婚"叫停"，江良和兰儿是怎么做的呢？

◎两位设计师的声音

在父母的质疑声中，首先动摇的是兰儿。她觉得父母说的也有道理，毕竟，哪个女孩没有想象过，在婚礼上穿起美丽的婚纱，在众人面前展示自己的美丽？选择素婚并不是反对传统，对兰儿来说，选择了电子婚姻，就意味着放弃穿起婚纱的美丽时刻，的确是有些遗憾的。试想，若干年以后，当自己垂垂老矣时，却想到没有趁着最美丽的时候拍一套婚纱照；当自己颤抖的手上布满沧桑，却想到未曾在年轻的时候戴上一枚钻戒……古礼的传承也有其庄严和神圣的一面，就这样放弃了是不是有些唐突呢？

对于兰儿的动摇，江良表示理解。他认为，素婚的目的是拒绝炫耀式浪费，而不是反对传统。作为男人，他本应是婚礼的操持方，承担起那些额外的程序，素婚是省却了他的烦恼，也是兰儿通情达理的表现。而婚礼毕竟是人生中至关重要的一件大事，不应当有半点儿勉强、敷衍或玩笑的成分，一场成功的婚礼，也有助于他们培养起对婚姻的责任意识和忠诚意识。素婚与否，只是形式问题，并不存在对错，如果兰儿认为一个公开的、隆重的仪式更能体现婚姻的意义，他也会尊重兰儿的意见。本着这样的态度，江良向兰儿坦诚说明了自己的想法，并把决定权交给了兰儿。

兰儿非常感激当良对自己的尊重，她思来想去，觉得两个人在婚礼的问题上所持的基本观点是一致的。他们都不拒绝公开的、庄严的仪式，只是不愿意婚礼成为盲目攀比、竞相摆阔的载体；他们也希望彼此在公众见证下立下誓言，只是不希望誓言在喧嚣吵闹声中沦为婚礼的点缀。简言之，他们都不拒绝传统，只是拒绝变味了的传统，如果传统婚礼不能表达婚礼的本意，他们宁愿用自己朴素的方式记下相守一生的承诺。至于红包问题，放弃了所得收益，不就意味着跳出了"红包经济链"了吗？这其实是一件好事呢！

在一番讨论之后，当良和兰儿达成了一致：素婚是两个人共同的选择，是两个人人生观和价值观的共同体现，这样一来，素婚最终能否成行，反而不重要了，重要的是，他们已经理解了婚姻的本意，他们已经明白了，爱和体贴远比婚礼更重要。

在征得了父母的同意之后，江良和兰儿修改了素婚方案。他们仍然没有举行婚宴，而是给每一位亲朋好友寄去了一份小小的礼物、喜糖和他们去国外蜜月旅游时自己拍摄的婚纱照，把新婚的喜悦和他人一起分享。他们还把婚戒纳入素婚方案，用来代表他们对传统仪式的尊重和双方共同努力维持婚姻品质的决心。

◎将素婚进行到底

在江良和兰儿的及时沟通和调解下，婚礼问题顺利得到解决了。父母们非常赞同孩子们对婚姻的理解，不由得对两个年轻人刮目相看，觉得孩子真的是长大了，懂事了。这件事也让江良和兰儿更加体会到了婚姻的真谛，他们感激彼此在"素婚事件"中对自己的尊重，并且商定，要让素婚的精神在婚姻中传递下去。

怎样将素婚进行到底呢？江良和兰儿有很多自己的方法。比如，他们经常提醒自己，不要忘了体贴和关爱对方，不要让婚姻中的日常生活消磨了在一起的快乐。他们把每周六定为婚姻的特殊时间，每到这一天，他们就逃离日常琐事的包围，出外共同度过一段美妙的时光。

像结婚前一样，为了星期六的约会，当良和兰儿总是提前计划，并且做好相关的准备，期待着与对方外出时的喜悦。他们做了很多既有趣又不必花很多钱的事，比如去城市的老街旧巷寻觅时光的足迹，去郊区感受自然的空气，顺便野餐，或者去山上寻幽探密。当然，有时候也要花一点钱，比如去看一场期待已久的电影、一场演出或展览，或者去一家口碑很好的饭店。

定期的约会之外，他们还经常打破常规，给对方制造意外的惊喜。譬如结束了一天的工作后说："今天我请你吃饭！"或者在看旅游画报的时候，把对方特别感兴趣的地方列入约会计划。婚姻中的很多平凡时刻，常常因为某个人的即兴表演而显得情趣盎然：一次散步、一个笑话、一次交谈，或者随兴的舞蹈、阳台的烛光晚餐。

在江良和兰儿看来，生活中很多一流的东西都是免费的，一起享受的快乐和自然流露的真情远比一场盛大的婚礼影响持久，多年以后，谁还记得那些千篇一律的婚礼细节？而累积的爱意却如一根幸福的魔杖，让婚姻时刻充满热情和活力！

婚恋观 17. 形式婚姻

形式婚姻，顾名思义，就是婚姻只有形式，而无实质内容。这是近年来形式婚姻在北京，上海，南京等经济发达的城市兴起的一种男同性恋和女同性恋的互助婚姻模式，也就是一个男同性恋者和一个女同性恋者举行婚礼，组建家庭。表面上看来，这是个由一男一女组成的正常家庭，而实际上，"夫妻"双方在生理和人格上都保持独立，他们不过是借助婚姻的形式，抵挡外界的压力，在婚姻的保护伞下获得爱的自由。

也有人称为互助婚姻。男女同志迫于来自家庭、社会等各方面的压力，以及自身性取向的原因，由男同志与女同志组成的没有性关系的形式意义上的家庭。

此种家庭一般采取婚前财产公证、生活支出 AA 制等方式避免因经济产生的纠纷；同时，若条件允许，男女双方一般不会住在一起，而双方会和自己的男朋友或者女朋友住在一起，而后者更像是真正意义上的家庭。

两个"同病相怜"的年轻人

民泽记不清这是自己的第几次相亲了，面前的这个女孩子外表出众，各方面条件都很优秀，是那种让男人无法拒绝的女孩子，民泽想不出有什么理由对她说"不"。

可是，民泽不能强迫自己与不爱的人生活在一起，也不想对着这个可爱的女孩一辈子做戏。他是一个 gay，有一个交往了 6 年之久的男朋友，男朋友的家长已经默认了他们的关系，可是民泽不敢把实情告诉自己的父母。

隐瞒真相的结果是：27 岁的民泽已经被父母督促，开始频繁地相亲。随着相亲次数的增多，民泽的压力也越来越大，父母为自己操心，自己总得有个交待吧？

为了不让女孩误会，民泽索性坦白了自己的性取向，希望女孩帮自己圆谎。没想到听了民泽的话，女孩反而长舒了口气，继而大方地坦白，她也是一个"同志"。

女孩说，她有一个交往了 3 年的女朋友，她们很相爱，很想永远抵抗外界的压力走下去，可是家里对她的婚姻也催得让她发疯。

两个同病相怜的人就这样聊了起来。彼此的情况一交流，民泽发现两个人的情况很相象，很多方面在外人看来很相配，不禁想到了假结婚。如果两个人能够在形式上结婚，做一辈子无性的夫妻，互相扶持，但又给彼此充分的自由，不是正好给父母一个交待吗？

这个提议似乎让两个年轻人的未来柳暗花明。在经过了各自伴侣的同意后，民泽和女孩开始了形式恋爱，他们像姐妹一样逛街吃饭，在父母看来却恰似一对恩爱的情侣。

"我们的交往对各自的伴侣是透明的。"民泽说，"我的男友和她的女友也在商量，要不要也'结婚'，这样我们四个就可以住在一起了。"

谈到未来，民泽脸上显出一丝向往。如果两对形式婚姻都能成功，这就意味着他有更多的机会跟男友相守一辈子了。

5%的同性恋人群

如果你告诉现在年轻人自己恋爱了，而且对方是同一性别的人，别指望现在年轻人会显出一副瞠目结舌的表情来。通常，现在年轻人的反应有以下几种：

"恭喜你找到了真爱！"

"那又怎样呢？"

"哇塞，你真酷！"

"嗨，跟我说说，这是什么感觉？"

现在年轻人的态度或许是猎奇的，但通常不会带有鄙视的成分。对于这些新时代的新人类来说，独特和自我已经被纳入血液，成为流淌在身体里的活力因子，他们乐于选择不同的生活方式，也因此而尊重别人的生活方式，同性恋不过是其中的一种罢了！

对于民泽这样的年轻同性恋者来说，发现自己与众不同的性取向，也已经不再像前代人那样，充满了迷茫、慌乱与无所适从，他们试图正确而科学地看待自己，并且理解了这样一个事实：某些人是同性恋者，某些人是异性恋者，就如同，某些人有双蓝眼睛，有些人有双棕色的眼睛；有些人习惯用右手，有些人却是左撇子。简言之，同性恋不是某种人人都可以选择是或不是的事情，而仅仅是一个人成为是谁的一个方面。

即便如此，民泽们还是不能忽略这样的差别，那就是固定的占人口 5% 的同性恋人群，并没有像占人口 6% 的左撇子人群一样，受到人们的公平对待。很少有父母会刻意纠正孩子的左撇子，因为父母们知道，左撇子只是一种行为习惯的不同；可是大多数父母都希望自己同性恋的孩子"纠正"性别取向，走入异性婚姻。

父母们的顾虑是可以被理解的。因为在中国的传统文化下，性的娱乐性被贬低，生殖作用则被纳入道德的范畴，"阴阳媾精万物化生"，"一阴一阳谓之道"，一切不能导致生殖的性行为都被理学家指责为违背了伦理道德和自然规律，对同性恋的质疑也就因此而蒙上了伦理色彩，哪个家长能够接受自己的孩子是变态的、不正常的，或者是违背道德的？

所以对于民泽们来说，作为同性恋者最艰难的一步，莫过于通过父母这一关。他们可以忍受别人的指责而坚持自己的道路，却不忍心打破父母们沉浸在传统文化中那颗向善的心。即便父母们明白，同性恋根本与道德无关，是自然的无法逆转的性取向，自己的孩子和异性恋者一样，是健康和正常的，他们又如何面对社会上那些讨伐的声音和异样的眼光？

在权衡之下，很多同性恋者选择了形式婚姻，来掩饰自己"非正常人"的身份。他们有的选择男女同性恋者互助式婚姻，有的希望借婚姻改变自己的性取向却没有成功……

完美的婚姻似缺少了点什么

在朋友眼中，夏荷和男友王威是才貌相当、天造地设的一对。

他们总有很多新奇的恋爱花样——到湖边看星星，到山涧望月亮，在清风和朝露之间欢快留连，所有恋人们想到的没想到的新鲜念头，他们都一一尝试了。

跟夏荷以前的男朋友相比，王威似乎很纯净，少有轻狂之举，连亲吻都很节制。有一次，夏荷主动谈到性爱的话题，王威却深情款款地说："我希望把人生最美好的时刻留在新婚之夜。"

对于男友的表白，夏荷非常感动，她想，这样的男子真是人间极品，千载难逢，一定要好好珍惜才行。所以，当王威求婚的时候，夏荷毫不犹豫地答应了。

迈入婚姻的夏荷，内心充满了喜悦和满足。王威简直就是她心目中的完美爱人：仪表堂堂、温柔浪漫、体贴细心、事业有成，甚至还会烧菜做饭。

如果说婚姻中还有什么缺陷，那就是王威似乎对性爱不太关注，面对夏荷的热情，总是报以敷衍了事的态度。夏荷虽然不知道这方面的和谐有什么标准，但也隐隐约约的觉得，自己看似完美的婚姻似乎缺少点什么。

到底缺少了些什么呢？直到那一天，夏荷提前下班回家，看到了不该看到的一幕，夏荷才恍然大悟。

沙发上，林彬正在跟他最要好的"哥们"亲热，他们激情澎湃，填补着夏荷婚姻里的空白。原来王威是一个 gay（男同性恋者），他的所谓"哥们"其实是他的男朋友，而与夏荷的婚姻，不过是告慰父母亲朋的谎言罢了！

谎言揭穿的一刹那，夏荷听到了内心破碎的声音。"那你为什么还要跟我结婚？"她的声音空空洞洞。

"我也不知道，或许这就是命中注定吧。"王威的眼里充满了愧疚："我真的不是故意害你，我喜欢你。我以为结婚后能'改邪归正'，可是，有些东西一旦错了永远无法改过来。"

夏荷长长地叹了一口气。原来，自己才是介入到王威感情中的"第三者"，可是自己这个"第三者"，看似赢得了婚姻，却永远的输掉了爱情。在经过内心痛苦的挣扎后，夏荷选择了离婚，对于逝去的婚姻，她没有埋怨和仇恨，只有深深的悲哀。她不敢在婚姻里守望下去，因为她害怕自己不能忘记他，害怕自己陷得越深，痛苦也就越深。

解决方案：成为你自己

　　婚姻为男女两性的结合，已经作为一项为人类所默认的历史规律沿袭至今。但是，随着同性恋权利运动和社会认知的发展，人们对于同性恋者的态度趋于宽容，同性恋的婚姻问题，开始成为人们关注的焦点。同性恋可以，或者应该结婚吗？是以何种形式进入婚姻，是同性婚姻还是异性婚姻？

　　现实的情况是：一方面，我国法律禁止同性婚姻，另一方面，大多数的同性恋者在家庭和社会的压力下选择异性婚姻。就连先后数次在全国两会上提交《同性婚姻提案》的性学博士李银河也坦言说，"我知道（提案）没有通过的可能性，但我要帮助他们。中国目前的环境还没有达到那么成熟的水平，而一些发达国家也是通过长时间的争取才实现同性婚姻合法化。"

　　可见，我国同性恋的生存环境远没有现在年轻人预想的那样乐观，可是就在这样的大背景下，现在年轻人中的同性恋者有些已经进入了适婚的年龄。对于这些对同性恋有更多科学认识的年轻人来说，婚姻仍然是他们无法回避的问题。难道他们只能像王威一样，沿着前代人的路走下去吗？

　　◎ 幸福与婚姻其实可以理解为两个概念

　　虽然在本书中我们一直强调，一份和谐美满的婚姻生活能够极大的提高个人的幸福度，但是我们的讨论仍然有一个很鲜明的前提，那就是我们所说的婚姻，是大多数异性恋者的婚姻。

事实上，人类婚姻制度的设计，包括婚姻家庭的法律、道德规范都是以异性婚姻为对象的，这也表明，同性恋在历史上就被社会边缘化了。可喜的是，换个角度来看，如今我们讨论同性婚姻，无论其可行与否，至少传递出一种积极的信息：同性恋问题已得到社会乃至政府的正视，这在以前是被忽略的。

回过头我们重新反思婚姻制度，既然它是以异性婚姻为对象设计的，那么套用在同性恋身上就一定合适吗？套用的方式无非有二：同性恋者进入传统的异性婚姻范式，或者结成同性恋者自己的同性婚姻。这两种方式，哪一种更可行呢？还是另外有其他的解决之道？

先看前者。同性恋者进入异性婚姻，如同异性恋者进入同性婚姻，是扭曲天性的违心之举，不管初衷如何，在婚姻中履行义务，特别是夫妻性爱，都是十分困难的。一个异性恋者能够想象自己与同性建立家庭吗？能够想象在这样的家庭中，不仅无法释放自己的性压力，还要与同性谈情说爱吗？能够想象这样的婚姻给配偶怎样的伤害吗？如果你不能想象，就不要质问同性恋者为什么不能"委屈"一下，归入传统的大流了！

对于像王威这样的年轻人来说，即便他们不对自己的选择感到羞耻，也未必能承受的世人的诟病。他们没有勇气公开自己的同性恋身份，而且想方设法给自己一个"正常人"的身份，希望自己成为主流社会中"正确的合格公民"。那么，还有什么比结婚证更能证明这一点呢？婚姻就像一个保护伞，为同性恋者屏蔽了质疑的眼光，却不能阻挡他们寻找真爱的脚步，他们把社会的压力转移到个体的家庭，自以为会相安无事，实际上却把自己推入道德的陷阱，不仅让自己疲惫不堪，还连累了无辜的配偶受到伤害。

再看后者。诚然，同性婚姻有其存在的意义，最重要的意义可能是，如果同性婚姻合法化，就意味着法律已经给同性恋者平了反，同性恋者在其他方面受到的歧视也会得到缓解。并且，固定的性伴侣可以在一定程度上减少性疾病的传播，有益于规范同性恋群体的秩序。但是，既然同性恋和同性生活不违背法律，有没有必要把"同性生活"叫做"同性婚姻"呢？即便同性婚姻成为合法，真的就会成为王威们的选择吗？倘若社会没有形成开放、平等和宽容的大气候，一对公开身份的同性伴侣，简直等于"在社会上自杀"，这样的婚姻又有什么实际意义呢？

在事实婚姻之外，还有一种"形式婚姻"成为同性恋者们的选择。形式婚姻看似两全其美，但也有人对其提出质疑——这样的婚姻可行度有多少呢？真的能找到适合自己的"配偶"吗？如果结了婚，是不是真的有机会自由恋爱？这样会不会受到道德的谴责？生活的细节又怎么处理？要不要孩子？如果不要孩子别人会怎么看？简言之，形式婚姻能走多远呢？

看来，在现阶段，同性恋者在婚姻问题上遇到的麻烦可真不少。我们无意否定同性恋者做出人生里的决定，毕竟，人生没有标准的答案，而更像是一条需要不断选择的路，每个人自己决定，自己承担后果。一个性别趋向有异于大多数人的同性恋者，有权利选择向主流靠拢，也有权利坚持走自己的路，这些都应该得到我们的尊重。但是，既然这一系列的问题都是围绕婚姻出现的，为什么同性恋者一定要纠缠在"婚姻"上面喘不过气，而不能绕过婚姻，通过别的途径维护自己的幸福呢？婚姻不是铁饭碗，它作为一种人类行为，如果不能适应少数人的生活方式，何苦捧着它不放呢？

如果我们改变思考，会发现在法律的框架内，如果同性恋者爱得足够有勇气的话，也一样可以得到幸福。前不久，一对同性伴侣为自己做了庆祝，他们共同生活已经 20 年。在这些年里，这对恋人生活美满，有了自己的住房，共同的产业，并乐于助人，在同性恋圈子传为佳话。他们说："我们的生活，不伤害他人，不危害社会，共同打拼事业，为社会贡献自己的劳动，双方家庭、朋友都认可了我们，虽然我们没有结婚证，但是我们却可以自由地选择自己的生活。"这种幸福跟那些异性恋者的幸福又有什么不同呢？这份和谐美满的生活不是一样可以让人感到充实快乐吗？

◎善待、认可自己

或许同性恋者选择婚姻的初衷里包括对平凡生活的向往，但他们却注定是与众不同的少数派,架构在异性恋基础上的婚姻给他们带来的痛苦,远远大于那一顶所谓"正常"帽子的虚假安慰。然而，对现在年轻人中的同性恋者来说，现在正是时候去构筑自己人生幸福的基石。虽然偏见和歧视在社会上俯拾即是，但那又怎样呢？只要你准备好承担生活的责任，就有可能最大限度的获得幸福。

对于这些年轻的同性恋者来说，或许最大的责任就是认可自己。问题很简单：是什么让你成长过程中的各个感觉变得统一起来，让你真正地认识了自己？当然是在你发现自己是同性恋的时候！这个发现虽然带给你迷茫和恐惧，但也让你确定无误地找到了生活的意义！如此说来，这个发现是多么伟大，如果没有它，你甚至连努力的方向都没有！

接着，你翻阅了所有你能找到的资料，各种关于同性恋的科学解说严肃地告诉你，除了性伙伴的性别不同，你跟异性恋没有任何差异，你正常而健康地存在着，就像一些人是白皮肤一些人是黑头发一样。你只是少数群体，但你并不孤单。在这个世界上，同性恋占据着总人口的固定比例，古往今来都是如此。

现在看来，实在没有什么能够阻止你享受生命的美好。既然你注定是一个"特立独行"的人，又何必执着地想要成为大多数呢？要知道，上帝关上了一道门之后，却还会打开一扇窗！

懂得了这一点，你有更多的方式善待自己。比如，即使因为历史、传统和社会的原因，你没有更多的机会选择伴侣，你也会耐心等待生命中另一半的出现；即使如今很多的同性恋都带有短暂性和脆弱性，你也会坚持专一的伴侣关系，忠于对方和你自己；即使你们的性行为不带有生育的功能，你也会采取安全的方式，保护自己和伴侣不受爱滋病的困扰；即使你采取了形式婚姻，也敢于承担起一个丈夫或妻子的责任，用亲情而非爱情滋润对方……

本书是一本关于婚恋幸福的书。在我们的身边，有多少人一直洋溢着幸福感呢？事实上，有太多人幸运地拥有了婚姻，却错失了幸福。幸福，是一件奇妙的奢侈品，能够换取它的，是一种名唤生命的"钱币"，可能丧失它的，则是在一架名叫"心态"的桥梁。每个人都有获得幸福的机会，但不是每个人都能搭建起获得幸福的桥梁。你，一个年轻的、还有很多生命"钱币"的年轻人，愿不愿意为自己搭建起获得幸福的桥梁呢？

　　善待自己，就是一架可以到达幸福的桥梁。事实上，不管是"大多数"还是"极少数"，都要学会善待自己。善待自己，意味着把快乐放在自己的手心上，而不是别人的言行上；善待自己，意味着你不会一直想着你做过的、没做过的、应做的，或觉得对某事有罪恶感，而有更多的时间休息、放松和享受人生。

4

智慧与八卦引发的婚恋观

　　新时代是一个启迪与发展的时代，是一个精神的时代。人们将拥有自我调整心灵力量的"意识"。处于这个时代的年轻人将不拘泥于婚姻的形式，家庭关系也相对松散，因为对爱抱有超然的态度，他们愿意为了理想而做出分离。

婚恋观 18. 网婚

网婚，全称网络婚姻，有两种形式——虚拟婚姻、虚拟婚礼和现实婚姻、虚拟婚礼。

所谓虚拟婚姻，是指在虚拟的网络上进行结婚登记、并领取虚拟结婚证所缔结的婚姻关系。虚拟婚礼则是以网络为场所举行的婚礼，可以通过在虚拟社区、BBS中发帖回帖的形式进行，或者在聊天室里发言的形式，还有在网络游戏中角色扮演，以及通过语音和视频的形式进行。最初是在网络游戏中兴起。

虚拟婚姻虚拟婚礼，是指双方通过互联网相识、相知、相爱，并相约缔结虚拟婚姻、举行网络婚礼的行为。如果双方感情进展顺利，将来就有可能在现实中缔结婚姻。

现实婚姻虚拟婚礼，则是指双方在现实中已经存在婚姻关系，却因为种种原因不能在现实中举行婚礼，于是选择网络；或者现实中已经进行过婚礼，又想尝试一下新的婚礼形式，等等。

浪漫的网络情侣

　　陈洁和亦扬因网络结缘。那时候的陈洁，刚和女友分手，是一个25岁性格内向、不爱说笑的男孩。女友就是因为他不够活泼、不够幽默，没有时下男孩子的阳光朝气，与他分手的。

　　刚失恋的陈洁，情绪低落、孤独寂寞但又自在随意，他将电脑当作朋友，聊QQ，玩论坛，打游戏，将生活里被压抑的情绪尽情地释放着。开始，感觉很痛快，时间一久，烦由心生。虚拟网络可以带给一时的自由，但无名的空虚却袭击他的心灵，整天感觉自己像在做梦一样。

　　就在这个时候，亦扬出现了。她的网名叫"爱亦飞扬"，活跃在一个陈洁常去的论坛上。因为一篇文章，陈洁开始关注她。她的文章清新阳光、细腻真挚。心情黯然的陈洁读了，有如沐春风的感觉。

　　于是，陈洁向人要了亦扬的QQ号，开始接近她。最初并没有什么特别的目的，只是因为无聊。可是渐渐地发现，亦扬开朗调皮，言语活泼，和她聊天，就像看她的文章一样，只见阳光，没有阴霾。他们谈论坛、说文章、侃电影、聊音乐，有时也开开玩笑，谈得非常投机。

　　慢慢的相互谈到了自己的生活，而后互发了照片。就在其他的网友纷纷"见光死"的时候，他们却因为现实的相遇而感情升温。幸福来的太突然太不可思议，陈洁很害怕这份感情会随着时间的流逝而淡去，于是向亦扬求婚。亦扬却说，既然我们在网络上相遇，就先举行一个网络婚礼吧。我们认认真真地经营这个网络之家，看看彼此有没有真正的默契和可能。

陈洁和亦扬的网络之家经营的有声有色："一处漂亮的别墅，装饰豪华温馨的客厅，客厅中高清晰电视、高档冰箱、DVD 影院一应俱全。年轻英俊的男主人与年轻漂亮的女主人相濡以沫，形影不离。花园里绿草如荫，鲜花盛开。宠物室里，还有一只可爱的小猫……"就在网络之家庆祝"结婚周年纪念日"的时候，现实中的他们携手走上了真正的红地毯。

网婚，看上去很美

通常情况下，网婚有四种心态：一是双方将网婚作为现实婚姻的过渡，这最理想的状态；二是双方由于种种原因导致现实中无法走到一起，于是寻求网络上的心灵慰藉；三是一种比普通朋友更加密切的友谊，双方都把对方当作一个关系密切的朋友，或者说是知己，网上是婚姻关系，实质上是朋友关系；四是由于年少无知或者受好奇心的驱使，抱着游戏的心态，这种心态是应该反对的，对于家庭幸福和个人成长都是有害的。

有人说，现在年轻人生存在两个世界里，一个是现实世界，另一个是虚拟的网络世界。在现实世界里，现在年轻人快节奏地生活着，"还没准备好上学就上学了，还没准备好上班就上班了，还没准备好老就老了"，他们承受着工作、生活和精神的压力，渴望被承认、被理解，渴望交流，由此诱发了各种情绪问题和情感问题，却往往得不到适时的缓解和疏导。

这一切，在网络的虚拟世界里迎刃而解。在网络中，现在年轻人有机会扮演不同的角色，尝试不同的人生，取得现实中无力取得的成就，体验现实里不可能得到的掌声。所有的一切都不必有任何负担，甚至不用计较后果，这种随心所欲的生活正好弥补了他们在现实中的不如意。

现在年轻人的生活依赖网络而存在。网络虚拟社区，说到底就是现实生活的"升级版"，其中的虚拟空间场所，比如贴吧、论坛、聊天室，就像是现实生活的会堂、沙龙和咖啡厅。只是在这里，现在年轻人可以用不同于现实的面孔，尽可能地释放自己，并把理想无限扩大，直到自己满意为止。

现在年轻人把生活全盘搬到网络上，爱情领域自然也不例外。于是，网线取代了月老手中的红线，泛着荧光的屏幕取代了花前月下的誓言，网络过滤了身材、容貌、金钱、家世等外在条件，摒弃了地域的限制，给爱情的想象留下了足够的空间，这使得网恋有挡不住的意境和吸引力。

网恋通常有两种形式，一种是在网上认识，在网上恋爱，甚至在网上结婚组成网上家庭，但在现实生活中双方完全不接触，这更像一种柏拉图式的精神恋爱。第二种是在网上认识，双方都有进一步交流了解的愿望，这种交流了解慢慢地发展为恋情，以至双方终于从网上走到现实，开始了传统的恋爱过程。

陈洁和亦扬的故事就属于第二种。对他们来说，无论是偶然

194

邂逅、网络相识，还是媒妁之言、同学介绍，都不过是相识的一种形式，重要的是产生和拥有了感情，这才是婚姻的决定因素。他们将网婚作为现实婚姻的过渡，双方在虚拟的空间中体验婚后生活，为将来走向现实婚姻打好感情基础。对他们来说，网络不过是现实生活的另一种表现形式罢了，现实生活的实质并没有改变，借另外一个空间预先演练一段婚恋，合则聚，不合则散，岂不省了现实生活的许多麻烦！

陈洁和亦扬的结局是比较幸福的，但是这样的幸福，需要很多偶然和幸运的因素。毕竟，网络是虚拟的假象，生活则是残酷的现实，总有一些现在年轻人宁愿采取第一种方式，发展一段没有承诺和结局的精神恋爱，也不愿意让虚拟的生活跟现实有一丝一毫的联系。对他们来说，网婚不过是运用了高科技的"过家家"游戏，他们可以在游戏中尽情幻想自己理想生活的样子，这些都是现实生活不可能给予的，既然如此，何必一定要"见光死"呢？

或许，不管是哪一种形式，如果网婚的"夫妻"双方怀有同样的目的，网婚都算是一件皆大欢喜的事。怕就怕，如果一方希望在网络中找到真爱，或者因为缺乏自制力而弄假成真，却不知对方其实抱着游戏的心态，网婚就会从看上去很美，沦为一场现实的悲剧。

现在的真爱情 VS 网络的假幸福

今年 28 岁的子瞻在银行里工作，已婚，妻子是一家证券公司的职员，他们还有一个 4 岁的儿子，一家三口可谓其乐融融。可是这种平静的幸福，却被一场场虚拟的网婚打破了。

那一段时间，子瞻的单位进行科技干部选拔，本来很有信心的他却意外的落选了。这次落选对子瞻的打击很大，他像变了个人似的，本来性格开朗、要强上进的他变得少言寡语，对什么事都提不起精神。

那一段时间，正好妻子在外地培训，孩子跟着爷爷奶奶生活，子瞻闲来无事，心情又郁闷，就索性在网上挂着。一开始是玩游戏，后来是浏览黄色网站，再后来就学着找异性聊天，聊到"动了感情"，干脆就在网上注册"结婚"了。

其实最初子瞻也没有想到动真格的，他觉得网恋这种虚幻的游戏不可能有什么现实的结果，不过是玩玩而已。再说，在网上结婚、离婚都非常随意，鼠标轻轻一点，就可以"结婚生子"，再一点又可以"离婚"或者"再婚"，还能够"一夫多妻"、"一妻多夫"，甚至还能"婚外恋"、"一夜情"，似乎人类所有的欲望，道德的、不道德的都可以满足，怎么可能当真呢？

话又说回来，能够一夫多妻倒也不错，虽然是虚幻的，但也在很大程度上满足了子瞻的虚荣心。于是，子瞻把自己塑造成一个风度翩翩的网络大众情人，温文尔雅、知书达理、风度翩翩，一时间还真吸引了不少"异性"。经过精挑细选，子瞻把目标锁在了6位网友身上，忙里偷闲地分别恋爱，后来索性结了网婚。

子瞻的"妻子"们分布在各个领域，有教师、售货员、养鸡专业户、高中生、公司小职员以及自由职业者。每周，他把6天分配给"妻子"们，余下的一天给自己。他扮演着不同的丈夫角色，游走于不同习性不同嗜好的女性中间，在她们的喜怒哀乐中周旋而不能自拔。

子瞻的妻子结束培训回家后，敏感地察觉到丈夫的异样。以前出差回来，丈夫都嘘寒问暖，体贴备至，可这一次却一反常态，对自己像尽义务似的，说两句话就回到书房上网，还把门关上。问他这是怎么了，子瞻只说打会游戏放松一下，可是看起来又不像这么简单……

心存疑虑的妻子终于忍不住，趁丈夫不在家时打开了他的QQ，翻看了聊天记录，这才发现丈夫在网络中上演了一出出婚姻的闹剧。其中有一个叫"秋水伊人"的"妻子"，很明显跟丈夫见过面，他们的关系已经非同一般。

这个发现对妻子无异于晴天霹雳。她想不到原本跟自己情深意笃的丈夫居然会背着她做出这样的荒唐事，她不知道是自己的判断出了问题，还是丈夫突然变质了，原先清晰的一切现在变得迷糊不实，她陷入深深的困惑和悲痛之中。不久以后，妻子提出离婚，一个幸福美满的家庭就这样被冰冷的键盘敲入了危机。

解决方案：让你的梦想照进现实

对于长期浸泡在网络世界里的现在年轻人来说，把现实世界和网络世界泾渭分明地区别开似乎是不可能的事。这也是新时代的矛盾，科技的发展、网络的普及，让我们以为更自由，实际上却更加依赖社会与他人。科技怎样改变了我们？会不会让我们丧失了了解自然生命节奏的能力？网络在带给我们喜悦的时候，是否同时也在制造一场巨大的幻觉？例如在本文中，网婚究竟只是一场婚姻的游戏，还是从虚拟网络中走出来的真实的故事？对于现在年轻人现实的婚姻又会带来怎样的影响呢？

◎坚绝抵制好奇、游戏心态

小亮，今年16岁，自己还是一个孩子的他正在为自己又一次当上"爸爸"而心花怒放。他在玩一种以结婚生子作为晋级奖励的游戏。当游戏玩到一定积分时，网上"婚姻登记处"就为他颁发"结婚证书"，以后，他的努力方向就是当上"爸爸"，当积分增加到一定程度时，他有了第一个"孩子"，以后还可能有第二个、第三个、第四个"孩子"。当然，"孩子"到一个阶段就会"死去"，但"孩子死去"并没让小亮有多伤心，因为这对他而言已是司空见惯了。

"别当真，我只是玩玩而已！"小亮满不在乎地说。事情真的只是游戏这么简单吗？恐怕并非如此。

对小亮这些处在青春期阶段的年轻人来说，网婚给他们带来的最负面影响就是形成错误的婚姻观。在网络上，你想跟谁"恋爱"就跟谁"恋爱"，想跟谁"结婚"就跟谁"结婚"，只讲自由不讲责任，只讲欲望不讲道德，这对于心智健全的成年人尚且是一种考验，何况是正处在成长期、塑型阶段的青少年？虽说只是一款游戏，传达的却是玩弄感情、草率婚姻的态度，正可谓"谎言说多了，就会变成真理"，这种游戏的态度会在青少年的脑海里留下怎样的思维定势？在以后的岁月里又会怎样影响他们的行为模式？在网上随便的"结婚"、"离婚"，很有可能在现实中也不把真正的婚姻当回事，造成婚姻道德的沦丧！

或许有的现在年轻人辩驳说："我不一样，我对网婚是认真的！"殊不知，这种认真也是一个"桃色陷阱"。正是这些少男少女，情窦初开又涉世未深，过早的接触了成人游戏，往往分不清游戏和现实的区别，又没有足够的运气和自制力，等到把网婚演绎得风生水起、活灵活现，却发现不过是上了网络的当。被欺骗了感情不说，还有可能遭到身体的伤害。谁又知道这些受伤的孩子会不会把游戏婚姻的态度植入脑海，错误地以为现实的婚姻无需责任感和道德感，或者从此留下阴影，对现实的世界失望？

即便对于子瞻这样已婚的成年人，网婚的影响也是值得探讨的。从表面上看，网婚不过是一场虚拟的游戏，并没有什么现实的行为，似乎不应该上纲上线，太过当真。子瞻最初也这么想，事实上他却控制不了自己，不但跟网婚的"妻子"见了面，而且"关系非同一般"，也就是说，他已经把一场虚拟的游戏发展成现实的婚外恋，给家庭造成了现实的伤害。

"别当真，我只是玩玩而已！"一句不负责任的辩解，并不能抹杀网婚所带来的隐藏危机。据《新周刊》公布的一项调查显示，有 32.2% 的"一夜情"对象是由网婚演变而成。网婚的诱惑是巨大的，它既满足了人们对激情生活的想象和渴盼，又免去了日常生活的平淡、琐碎和乏味，而且不需要承担现实生活中的责任与义务，这样的"完美婚姻"不知安慰了多少在现实中不如意的灵魂！当他们在网络上找到了久违的激情，"情到深处难自禁"，也就难免变幻成真，假戏真做而不能自拔了！到了这样的程度，现实的家庭恐怕在他们心目中已经没有任何分量了！

◎让网婚依托于现实

同样是网婚，为何陈洁和亦扬有情人终成眷属，子瞻却面临劳燕分飞？其实，除去已婚的原因之外，两对年轻人努力的方向也是全然不同的。

本来，在工作、生活中遇到不舒心的事实属正常，在网络上舒缓压力，转换一下心境，于情于理也都讲得通。在心理学上，这被称作"转移疗法"，意即通过注意力的转移，分散自己消沉的情绪，以度过难熬的人生低谷。陈洁就是一个典型的例子。他在网络上度过了一段沉寂的日子，遇到了亦扬，继而在现实中谱写了一段真挚的恋情。网络是他们的媒人，是他们传情达意的方式，但却不能代表他们在现实中携手。那么子瞻呢？他可不只是舒缓压力这么简单。子瞻几乎把自己全部的精力都投入到网婚中，甚至冷落了真实的妻子，疏忽了对孩子的教育，就已经超出了正常的范围，变成本末倒置、误入歧途了。简言之，网络不再是子瞻的"伤痛治疗所"，而变成"新生活"的开始。

从相遇到相识，再从相爱到相恋，最后是结婚领证，看起来这个过程按部就班；从嫁妆到新房，再到好友们的祝福，该有的一个都不能少。如果愿意花钱，还可以拥有一个花园、领养一个宠物——一切都跟实际生活中的情形别无二致。这就是子瞻的新生活。然而这种新生活，果然能带给大为想要的幸福吗？

事实上，正如我们在前文中提到的——网络就像是现实的"升级版"，现实中所有的现象，在网络上都有投影。世间的一切爱恨情仇、喜怒哀乐，也难免会随着人的"手迹"来到了网上。网婚的幸福如同新婚燕尔，时间久了，也会透出泛黄的苗头来。有人曾开玩笑的总结了网婚的几种"死法"："见光死"、"电话死"、"相处死"或者"网络死"，其实，抛开玩笑的一面，这也说明了网婚的短暂性和脆弱性。或许网婚的"升级"就在于永远可以毫无负担地从头开始，但也不过是从现实的纠葛中挣脱出来，投入另一种纠葛的怀抱，获得一段段精神麻醉的快感罢了。

那么，把网络的感情延伸到现实中来呢？其实，就算当事者抱着虔诚的态度试图将网婚转至真正的婚姻状态，也会发现生活不过是绕了个圈，去掉网上的云山雾罩，原来面对的还是生活中的柴米油盐，矛盾和疼痛一点也没减少，甚至更多。然后怎么办呢？周而复始？

看来，子瞻的新生活更像是一个无法摆脱的漩涡。可是，明明知道是个漩涡，为什么他还是一头栽进去呢？我们看子瞻的6次网婚，每一段"婚姻"都有不同的优缺点，他在6段"婚姻"里游刃有余，是"妻子"们眼中的"伟丈夫"，得到了现实中失去的成就感，这就是他选择网婚的动机。根据这个动机，我们可以顺藤摸瓜，牵出事情背后的心理原因，那就是子瞻没有勇气面对生活的失意，面对失望觉得无能为力，只好寄希望于从头再来，寄希望于不计较过去的网络世界。

　　生命只有一次，不可能有打草稿的机会，子瞻的"从头再来"，不过是对现实的逃避而已。事实也证明，这些网络"妻子"，并不能像现实中的妻子一样，让子瞻全然地相信和依赖。这些"妻子"中，没有一个人能够跟他白头偕老，最多不过是"露水情缘"；没有一个人能够为他生儿育女，操持家务；也没有一个人会为他准备早上的牛奶，熨明天的西装，为他记住父母的生日。可是，子瞻却因为这些网络中的爱，失去了现实的爱！

　　与此同时，陈洁和亦扬却把爱情从网络下载到现实。诚然，他们是未婚男女，有更多的自由去实践，就算是网婚，也不会牵扯到现实的婚姻。但是，这对年轻人的态度是务实的，他们一直都在为现实的幸福努力着，网络更像是他们生活乐趣的一部分，而非理想的寄托处。同样追求幸福的目标，陈洁与子瞻，一个依托现实生活，一个依托网络存在，结果迥然不同！

婚恋观 19. 试婚与同居

当代中国伴随着"双重转型"——由封闭的传统农业社会向开放的工业社会转型，由计划经济向市场经济转型，必然带来相应的婚恋文化与婚恋观念的变化，导致婚姻观念与行为的多元化。恋爱低龄化，离婚率上升，婚外恋增多，未婚同居及婚外性行为……使得爱情、生育与婚姻由原先的统一转变为日趋分离。于是，试婚这种正常而又特殊的现象在我国悄然流行，并成为一种时尚。

社会发展到今天，试婚作为婚恋中的一种形式，已出现在我们这个国度上，青年人以结婚为目的，开始了一种情感生活加性爱生活的尝试，这种尝试已越来越多地得到年轻人的认可。试婚除了未婚青年去尝试，更多的则是一些离异的中青年。试婚者并不是将试婚当作一件随意的事，他们是认真的，他们生活在一起，是在真诚地寻找走向法定婚姻的可能性。他们试婚的心理驱动因素，一是一些青年人听过、见过太多的婚姻的不幸，对立即走进婚姻是否能幸福心存疑虑；一是自己有过不幸婚姻的经历，害怕悲剧重演。不论什么动因，选择试婚的目的都是为了结婚。试婚同居的理由虽然很充分，也有些许道理。尽管试婚同居不像婚外性行为那样受到人们较为强烈的道德指责，一些年轻人不仅普遍接受而且自愿埋单的人也越来越多，但我们应该看到，试婚不是一种理想的、合理的、真诚的两性关系，也不是一种理想的生活方式。

两对同居的年轻人

曼丽和郭伟已经同居一年了。2009 年夏天，曼丽刚刚大学毕业，作为外地生的她，面临找工作和租房子两大难题，正好郭伟的宿舍是公司分配的小单间，曼丽就搬进去跟男友同住了。谈到同居，两个人都表示这很正常，是感情水到渠成的必然结果，没有什么好忌讳的。

"我觉得两个人在一起，情到深处，同居是一件很自然的事情。况且，两个人住在一起，可以相互照顾，这是两全其美的事情啊！"曼丽如是说。郭伟则补充说："我们是在大学时相遇并相爱的，因为都是外地人，工作以后遇到不少困难，居住在一起后，我们有一种相互取暖的感觉。"

的确，在朋友圈子里，像他们一样同居的还真不少。对门的沙沙和家驹也是一对同居的情侣，只不过说到同居，沙沙和家驹却有不同的看法。

沙沙在一家报社工作，由于这一行工作时间不固定，常常是"朝五晚九"，所以她坦然说选择同居就是为了自由。"要是结了婚，丈夫整天跟在后面，问东问西的，多没劲啊！现在我们都给双方足够的空间，基本上和单身的时候一样自由。"

沙沙的男友家驹却认为，婚姻和事业从本质上说并没有基本矛盾，只要学会平衡就行了。"现在的女强人越来越多，要是都不结婚，男士们岂不是要打光棍了？"他笑言说，"我们现在的同居也是为了将来结婚做准备，只是现在条件还不够成熟而已。"家驹表示，等自己手头的大项目结束了就向沙沙求婚，"就算我们不着急，父母也着急啊。"

曼丽和郭伟暂时还没有把婚事列入议事日程，但是柴米油盐的日子过得有模有样，和结婚似乎也没什么区别。"每天下班我就先回家，将饭菜做好等着男友回来一起吃饭。男友也很细心，他知道我爱吃零食，每次回来时，都会买一点小吃带回来给我。我感觉幸福极了，我想以后的婚姻一定也会很美好。"曼丽甜蜜地说。

同居与试婚的区别

在平和而开放的新时代，婚姻往往是爱情瓜熟蒂落。我们不能以"早知今日，何必当初"来质疑婚姻双方曾经相爱的真实，但却无法回避这样的尴尬：爱情成就了婚姻，婚姻却往往毁灭了爱情。当两个人真实地走到一起，所有的问题细致入微、丝丝入扣地展现出来，才发现对方原来不是自己的那杯茶。一切既成事实，怎么办？要么是痛苦地凑合，要么是痛苦地分离。

当现在年轻人走到婚姻的年纪，他们不惮于为了幸福而多方尝试。比如闪婚、闪离、闪复；比如早婚、不婚、晚婚；也比如试婚。所谓"试婚"，是现在年轻人在围城之外开垦的一片婚姻试验田，在这里，他们真实地操作着婚姻生活，只缺少那一道法律程序。而正因为少了那道程序，现在年轻人就理直气壮地将"试婚"称为婚姻的质量"预报"，他们说：如果你想知道梨子的味道，就要先尝一尝。

婚姻也可以跟梨子一样吗？咬一口，如果满意的话就继续吃掉；如果味道是涩的，就扔掉原来的梨子，再换一个？当试婚与同居的故事蓦然间多了起来，抽掉了发生发展的前提，我们似乎也很难进行简单的道德评判与衡量。但是现在的轻人在选择之前，或许应该对此有一个清晰的概念。为什么走向同居？将来的打算如何？在这些问题上，你与对方是否有共同的认识？

的确有这样的年轻人，他们很认真地选择了同居，并把同居作为走向婚姻的一道阶梯。他们的同居，不仅包含了两个人对彼此生活习惯的适应，对长期共同生活的接受程度，更包含着对彼此更深刻的认识。因为同居，他们可以异常清晰地充分观察对方，并且在磨合中不断地适应和改变，在交流中不断地从争执走向统一。在无数次的反复之后，他们基于一份了解和默契，对未来的婚姻成竹在胸，终于走向了婚姻。

也有这样的年轻人，他们随着恋爱中性行为的升级而最终走到一起，同居成为两性探秘过程的终点，也标志着他们的两性关系走到了最高阶段。爱情不断升温，而他们又找不到别的方式来与之匹配，只剩下同居了。可以同吃同睡，同进同出，可以不分晨昏地和心爱的人厮守在一起，还有什么会比这更快乐的呢？

无论如何，当婚姻将同居指向了试婚，不是所有的现在年轻人都能及时梳理自己的感情生活，这时候，同居的隐患也就凸现出来。同居者说："既然我能喝到免费的牛奶，干嘛还要养奶牛？"试婚者说："本来就是试试看嘛。就像你到商店试鞋，哪能试哪双买哪双呢？"婚前同居毕竟不是一种受婚姻约束的生活状态，所以双方也就不可能像珍惜婚姻一样珍惜同居的生活，更不可能像正式的夫妻一样，富有宽容和爱怜。看来，现在年轻人的试验能否当真，回答并不轻松和乐观。

突如期来的小宝宝

本来是因为爱情才选择了同居，可是不曾想，爱情和婚姻却偏偏走向了不同的方向。曼丽和郭伟这对年轻人，终于因为在婚姻问题上的看法不同而起了争执。

事情要从曼丽怀孕说起。事实上，曼丽一直没有把同居的事实告诉父母，她认为自己已经是成年人，完全可以对自己负责，父母在某些方面思想相对保守，没有必要让他们替自己担心。再说，郭伟早就是父母心目中的准女婿，结婚不过是早晚的事罢了！

可是，宝宝的到来却让曼丽犯了难。要还是不要？医生说，第一胎保住为好，这样对妈妈和孩子都有利；可是曼丽还没有妻子的名分，怎么才能留下宝宝呢？于是，曼丽想到了结婚，只要马上结了婚，宝宝不就可以顺理成章地出生了吗？

没想到，郭伟对于这个意外的小生命却很不欢迎。他认为现在的二人世界挺好的，两个人都那么年轻，完全可以 5 年后再考虑这个问题。

曼丽没想到一向对自己柔情蜜意的男友竟然会这么想，她更没想到的是，宝宝的出现，正好暴露了这份感情的缺陷。原来一直以来，都是曼丽自己在等待婚姻，而郭伟根本没有考虑过结婚这回事！

两个年轻人就这样争执来争执去，最后还是曼丽妥协，做了药物流产。她这样做，并不是因为赞同郭伟的说法，而是觉得，自己即使一厢情愿地把孩子生下来，恐怕也没有抚养的能力——父母会怎么看呢？周围的人又会怎么看呢？连孩子的爸爸都不肯负责任，还有谁会支持她呢？

因为流产，曼丽可吃了不少罪。第一次的药流没有把子宫里的妊娠物排干净，腹痛了一个月以后，曼丽又做了清宫手术。手术的时候，郭伟正好出差，曼丽都不记得自己是怎样从手术台上爬下来，又是怎么挣扎着回家的。

这一次流产事件，给了曼丽很大的打击。她突然明白，原来同居并不是想象的那般轻松潇洒，怀孕对别人来说是一件天大的喜事，对自己却是侮辱的开始：医生怀疑的眼光，同事的窃窃私语，男友的不管不问……曼丽的心理负担越来越重，本来活泼开朗青春靓丽的她迅速地憔悴下来。

曼丽不再向郭伟提结婚的事，因为每次她提出结婚，郭伟婉拒的理由总是显得那么充分，他说自己不是无婚姻主义者，只不过想在条件相当完善的情况下再结婚，但曼丽不知道，郭伟这种所谓的婚前条件还要营造多久，她更不知道，自己还会消沉地等待多久……

解决方案：同居需慎重

站在新时代的门口，人们忙于迎接科技带来的喜悦，一系列令人惊叹的发明让人们产生了一些错觉，认为自己可以控制很多事。比如，早上打开饮水机就会有热水喝；连上网线就可以搜索到最新最全的新闻；只需要摁一下电梯摁钮就可以去到想去的楼层……人们以为能把这种控制力扩大到生活的每件事上，不幸的是，许多事情并非如此，同居就是其中之一。

可能你认为自己的同居属于试婚的性质，最终导向一定是结婚，然而你却失望了，因为对方并不符合你的伴侣标准，或者他（她）符合标准却仅仅打算"试而不婚"；可能你认为同居是解决自己婚姻焦虑症的最好办法，然而同居的伴侣却一而再、再而三地催促你结婚。

无论如何，在一般情况下，同居会导向三种结局：一、结婚；二、分手；三、保持同居生活。如果你是"二人同居组"的一员，你认为自己的将来会是怎样的呢？它会符合你的想象吗？

◎爱她就请为她的未来考虑

不管我们是否承认，在恋爱过程中，男女两性之间存在着明显的性别差异。通常情况下，男人多扮演追求者的角色，比较注重感官的满足，希望"占有"对方；女人多扮演被追求者的角色，比较注重情感体验，希望与对方"融合"。所以，一点也不奇怪，先邀你看电影的是男人，提出跟你恋爱的是男人，然后顺理成章的抱你上床的是男人，最后，提出同居的也是男人。

关于同居，人们可以找出很多条理由，但"性"几乎是男人提出同居的主要因素。因为对男人来说，恋爱就像是一个探秘的过程，对方的身体、性以及情爱心理都是探秘的对象，接吻、拥抱、抚摸……伴随恋爱中的性行为的升级，两性关系中的神秘性一点一点减少，但是如果最后的秘密没有揭开，探秘的动因就不会消失，同居无疑是这一探秘过程的终点。对于男人来说，一份自由自在的性爱几乎可以战胜一切了！

当男人向你提出了同居的要求，不代表他想好了要跟你白头偕老。他们或者因为年纪小，还不想考虑结婚；或者因为想做"快乐的单身汉"，不愿结婚；或者想结婚，但没有考虑好跟谁结婚（男人选择女友和妻子的标准是不一样的）……无论如何，他们还不想踏入婚姻的围城，不过是想提前享受到婚姻的精华和甜蜜滋味罢了。

因此有数据显示，即使是在英国，大多数的单身男人（约53%）一年都没做过几次爱，而有同居女友尚未结婚的男人，通常可以得到较多的性爱，其中天天做爱的男人达到了17%。还有调查表明，65.73%的同居要求是男人先提出来的，更有近20%的女人在面对同居要求的时候，完全不知所措或者选择委屈自己的意愿去迎合对方。

同居是为了爱还是为了做爱？很明显，在这个问题上男人和女人的理解不同。虽然没有男人蠢到选第二项，可不幸的是，女人却总在期待自己是例外的那个。即便是聪明、果敢、前卫的现在年轻女孩。面对同居男友的诺言，现在年轻女孩总是矛盾的。既然你的目的不是这张双人床，为什么我们不能结婚？如果你真的爱了，性的早晚又有什么区别？难道只有同居才能证明我对你的爱吗？难道性是维持爱的唯一方法吗？

现在年轻女孩需要知道，对于这些问题，你的同居男友未必能给你正确的答案。如果你想知道事实，我们可以看一下下面这组数据。

美国一位研究人员曾经把全美国对同居的研究综合起来，发现仅仅有 9% 的人有结婚的认真计划。另外一项对 2150 个男人的研究表明，曾与女人同居的男人中，只有 1/3 的人后来和对方结了婚，也就是说，2/3 的同居关系没有走向婚姻。研究还发现，同居关系延续的平均时间只有九个半月。那么，曾经同居而未能结婚的 2/3 的女性，结果如何了呢？美国专家的这项研究证实：20% 的 25 岁以下的妇女认为同居具有婚姻的所有好处，但 40 岁以上的妇女只有 4% 认为同居可代替结婚。研究人员说，这是她们从痛苦的生活经历中得出的结论。

很遗憾，一路走来，同居对于男性和女性的影响最终也是很不相同的。你的男友获得了一段低成本（没有承诺、不用买房、不必养家）的浪漫二人世界，而你却把大多数时间用来患得患失。如果你最终还是"试而不婚"，怎么办？分手以后选择范围窄而又窄，谁都知道你跟某某同居 N 久，那些声称有处女情结的男人却有意无意地抓你的话柄；不分手吧，他却不肯兑现承诺，你只能眼看红颜褪去，委曲求全惶恐不安……其实，同居不管是为了爱还是为了做爱，对现在年轻女孩来说都没什么分别，最重要的是，如果他爱你，自然会为你的将来考虑，自然会对你忠贞，对你坚定，自然会等你；如果他为此而放弃你，自然也不值得你为他同居了！

◎**学会保护自己**

如果看过了上面的阐述，你仍然坚持同居——或者你和他的确在准备婚礼；或者你还是想试一试；或者你认为同居更经济；或者你不在乎所谓的"处女情结"，更愿意享受一段身心的快乐；或者你思想前卫，认为这是对抗传统的一种形式；或者你认为自己有能力承担一切；或者你想要保卫自己的身心自由；或者你对婚姻再也没有奢求；或者你觉得自己很洒脱，输得起；或者，你实在无法抗拒他的请求……无论如何，你选择了同居，那么，就请你学会保护自己。

首先你要知道，在我国，同居关系得不到任何的法律保障或保护，所以，同居是一件"三无产品"，你需要学会保护自己的权益。你要确定对方没有结婚，否则你们就是"非法同居"；你还要知道，如果你在同居中怀孕、堕胎或生养私生子等，男方不负补偿的责任——在专家门诊中，常有年轻女性咨询关于未婚堕胎、引产造成了健康损害或未婚生育子女，能否向男友索要"赔偿费"的问题，迄今，我国的法律在这方面没有任何明确的规定。

其次你要知道，"性"不是能够栓住对方的武器，孩子也不是。女性一般视同居为走向婚姻的第一步，也是决定性的一步，但男性则多半认为那不过是一种过性生活的机会，无需什么承诺。你的同居意愿可能恰好是给男人送去一个错误的信号。没有任何证据表明，如果你选择在婚前同居，你的婚姻就更有成功的把握；但确有证据表明，婚前同居过的夫妻离异率更高，以及同居关系越长，永不结婚的可能性越大。

还有，也是最关键的，你要谨记保护自己的身体。有人说，同居会引发心理性 EQ，也有人说，同居不利于心脏健康。然而最重要的是，性爱伴随着怀孕的危险。一旦你有了孩子，不是勉强成婚就是被迫堕胎，前者导致不宜婚姻和计划外生育，后者则会使你承受身体和心理上的损伤与压力——女性失贞或堕胎后在择偶和婚姻中的身价会被大大贬低，也容易引起自身的种种心理问题。而如果你把孩子生下来，你的孩子将不享有计划生育指标，也很难获得法律上的保障，比如上户口、上学等问题。所以，你要掌握避孕的知识，你可以选择适合你的避孕方式，也要知道没有绝对的安全期。避孕是你的头等大事，如果他忘记了，不代表你可以忽略，因为他不可能代替你承受避孕失败的痛苦。

关于同居，有人曾半开玩笑地说"如果你爱他，就跟他同居吧，因为那里是天堂；如果你恨他，就跟他同居吧，因为那里是地狱！"同居到底是天堂还是地狱？恐怕不是简单就分得清楚的，事实上，在大多数人的概念里，它更像是一件有关选择与运气的事情。说到底，希望这些分析能帮助现在年轻人更透彻地权衡利弊，保护自己，也善待他人。

婚恋观 20. 新分居时代

很多童话故事都有这样的结局：王子和公主经过千辛万苦终于举行了婚礼，最后两个人幸福地生活在一起。可如今对一些年轻人而言，这个童话被打破了，他们发现，自己千辛万苦找到了生命中的另一半，可是命运却恶作剧般地把两个人分隔两地。

个性独立的现在年轻人，即使谈着恋爱，仍然不放弃他们的原则。毕竟，爱情是没有道理的，但个人发展却有轨迹可寻，在现今人才和机遇的分布不对称的情况下，如果不能在同一个城市找到双方发展的空间，怎么办？是追求个人发展的最大化，还是为了爱情牺牲掉自己的事业和前途？现在年轻人的理智显得无可奈何，因为他们不知道，如果没有了面包，爱情还能走多远 。现实就是柴米油盐，倘若连自己的生活都不能完全满足，拿什么来爱别人呢？更不用说维持一个家庭了！或许这一点在年轻的男孩身上表现得尤为明显。

名副其实的"周末夫妻"

　　杨辉，青岛男孩；石琳，北京女孩。就读在北京同一所高校，是一对恋人。毕业后，为了心爱的女友，杨辉选择留在北京。他找到了一份工作，虽然很难解决北京户口，但个人发展的空间很大，待遇也相当不错。

　　眼见事业、爱情一帆风顺，杨辉和石琳开始筹划婚事。可是情况突然发生变化，杨辉的公司宣布大批裁员，杨辉所在的部门更是被其他部门"兼并"，除了部门经理之外，其他人都被裁掉了，杨辉自然也不例外。

　　虽然失去了工作，杨辉还是对前途充满了信心。他开始通过各种途径找工作。然而他渐渐发现，工作机会虽然很多，适合自己的却很少。在将近一年的时间里，杨辉频频跳槽，情况却总是不尽如人意。

　　这时候，杨辉在青岛的同学向他伸出了橄榄枝。同学在青岛做外贸，搞得红红火火，恰好需要杨辉这样的人才。杨辉觉得，这是一个很好的机会，青岛毕竟是自己的家乡，正可以借此大展身手，但是他也很犹豫，因为这个决定意味着他从此要跟心爱的女友石琳分隔两地了。

　　通情达理的石琳尊重了男友的选择。石琳的父母也以大局为重，表示支持未来女婿的决定。他们都觉得，如果能够开创新的事业，暂时的分开也没有什么，"两情若是长久时，又岂在朝朝暮暮？"

分开并没有使两个年轻人的感情产生危机，距离反而使爱情显得更加难能可贵。为了表示对爱情的坚持和对彼此的信心，半年以后，杨辉和石琳的婚礼如期举行了。婚后，杨辉继续在青岛发展，石琳还是留在北京，跟父母住在一起，他们每个周末才能见一次面，成了名副其实的"周末夫妻"。

拿什么来爱别人

作为男生，凭什么说可以给你爱的女孩幸福？就算女孩愿意跟你一起奋斗，那你有没有那一份潜力使女孩子相信今天的辛苦会换来未来的美好生活？如果连生活费都要靠父母，谈何赡养家人？如果家里的主要经济来源是女孩，那么男孩在家里还有什么颜面？想到这些，不由得男孩不把儿女情长且放一边，先把事业发展到一定程度再喘口气。"我的女友就像手机，在我没钱的时候就不跟我说话。"这是现在年轻男孩的深层恐惧，他们不敢相信爱情会脱离物质而潇洒地生存，而只能告诉自己"经济基础决定上层建筑"，因此，他们宁愿选择暂时的分离，宁愿忍受相思之苦，也要强调个人的发展，因为经济基础对他们来说，这就是爱情的资本。

与男孩的无奈相比，现在年轻女孩的个人发展有更多自愿的意味。新时代的年轻女孩，常常把强烈的愿望和独立的精神融合在一起，对她们来说，独立自主比单纯的爱情生活的满足显得珍贵的多。她们拒绝做男孩的附属品，而更关心自己过得充实与否，聪明的她们明白，能够一直有新知识和新生活心得的女性才更容易得到男孩的尊重和珍惜，自我价值的体现才是为自己的幸福多加了一道保险。

然而，说到自我价值，或许有一些问题是我们无法回避的。那就是，如果现代年轻女孩放弃工作，而把自己的精力投入到经营家庭中，是否可以被视作一种自我价值的体现？"男主外，女主内"的家庭模式是否意味着女性尊严的丢失？这其实是新分居时代立论的根本。关于这些问题的回答，西方人与我们是不同的。在西方人看来，女性无论是外出工作还是做家庭主妇，都是个人的选择，得到的尊重是一样的。西方人还认为，我国的所谓男女平等，实际被简约为"就业平等"和"同工同酬"，这也就是说，女性如果无法获得工作，将失去与男性对等的权力，这其实是一种隐性的性别歧视，也是中国人过分追求金钱的体现。

诚然，西方人的观点颇有说服力，但是对国人来说，这种理论更像是理想而非现实。因为在我们的现实里尚没有一个完善的社会保障体系，能够让女性自豪地把家庭主妇当成一种职业。我们的现实是，对于一个普通家庭来说，一方的工资收入是不足以赡养家庭的，如果女性待在家中，将大大影响家庭生活的质量！西方人说这番话，是因为他们生活在一个强大的福利体系下。对于在生病时只要签两回字就万事大吉的他们而言，怎么可能理解中国人"60岁以前挣得是60岁以后的医药费"这句话？怎么可能意识到下岗给一个家庭带来的是毁灭性打击？怎么可能体会到，中国人尽可能地为家庭谋利益，是对家庭最大的负责任？

如果我们有条件认同西方人的看法，或许"太太不在身边的人"就不会作为一种普遍现象而列入我们的讨论范围。无论如何，新分居时代的年轻男女，几乎无一例外地把爱情与自我价值的实现联系起来，也许，小别之后的欢聚，远胜于两人终日厮守一处，看着日子一天天地黯淡和平凡下去。

一纸婚书，漫长等待的开始

对于石琳来说，一纸婚书并不意味着爱情的尘埃落定，而是漫长等待的开始。

结婚不是一时冲动，却代表了两个人对彼此的承诺。从此以后，他们将约束自己，不再张望其他的爱情。这对于分隔两地的恋人来说，无疑是一种考验。

新婚燕尔，石琳和杨辉仍然过着两地分居的生活，但是石琳并没有抱怨。既然彼此都认定对方是自己最好的选择，这一点距离又算什么呢？他们每天都通电话、发短信，每一个周末都是他们的节日。

唯一让石琳感到不安的是，他们之间的沟通不像以前那么顺畅了。杨辉是个沉默寡言的人，以前跟石琳在一起的时候就喜欢扮演听众。现在打电话还是如此。每一次都是石琳把自己的现状滔滔不绝地讲给杨辉听，反过来，杨辉被问及现状或观点，却总是一句"还好""就这样""差不多""你说得对"搪塞过去。

杨辉在青岛过得怎么样？石琳真的不了解。她并非不相信杨辉的感情，只是觉得自己的爱情越来越空洞了。对自己深爱的人不再熟悉，这种感觉让石琳觉得害怕。

有一次杨辉回家，石琳无意中发现他跟一个女孩联系频繁。但是杨辉说，这只是普通朋友。石琳信了，除了相信他，她还能做些什么呢？

但是杨辉回家的次数不像以前那么频繁了。他说自己工作忙，要出差，希望石琳体谅他。石琳想，既然他不能回来，就去看他吧，周末是他的生日，正好给他一个惊喜。

石琳在杨辉的宿舍外面碰到他的同事，同事一脸古怪的笑容。进去，发现他的宿舍里有一个陌生的女孩，正在为他做晚饭。

事情发生的太突然了，石琳甚至来不及愤怒。她立刻决定回家，可是杨辉却拼命地拦住她，要石琳听自己解释。

他说这个周末没有回家，是因为正在办理一些交接手续。他们公司在北京开了办事处，他要回去跟她团聚了。今天晚上，是一帮同事为他送行的聚会，女孩不过是其中的一个。

他还说，过两天就是他们的结婚一周年纪念日，他故意不说，是想给她一个惊喜。

石琳没有想到沉默的丈夫还有这样的浪漫与幽默，可是这一次，她又高兴又难过。因为她已经准备好了要跳槽到上海，对方公司许给了她很好的待遇。她想，反正是"周末夫妻"，她正可以用这段时间做一个事业上的冲刺。这一次，她该如何选择呢？

解决方案：别用"维持"来修饰婚姻

当新时代发达的交通和通信使长距离的沟通成为可能，现在年轻人中异地恋爱的比例明显比前代人高了很多。其中有不少情侣，像杨辉和石琳一样，最终克服距离的障碍，牵手走进了婚姻。

现在年轻人克服距离的途径不外乎两种办法：一方放弃现有的工作跟随另一方；或者干脆做异地夫妻，等待以后团聚的机会。相对而言，像杨辉和石琳这样的"周末夫妻"还是比较幸运的，那些"月末夫妻"、"季末夫妻"甚至半年见不了一次面的夫妻，他们怎样维护自己的婚姻？或者，在类似石琳的情形下，现在年轻人该何去何从呢？

◎让你的婚姻保持稳定

有人把现代家庭称为"外包家庭"，因为它已经脱离了传统家庭的一些功能，而把这些功能交由社会来承担。比如，学校部分承担了教育的功能，商店、餐馆部分承担了衣食的功能，宾馆部分承担了住宿的功能……随着社会的发展，家庭所承担的功能逐渐减少，以至新分居时代，家庭几乎已经不承担任何实际功能了。

也许对于一部分现在年轻人来说，被外包的功能还包括"性"和"情"。他们认为，异地分居既然无法在现实中互相满足，就应该允许权宜式的婚外性和婚外情，所谓"我把身体给了他，把心留给了你"或者"每个美女的保存期限不超过一个星期",这些颠覆性的态度使得新分居时代的所有问题都不能被称为问题,也使得现在年轻人最大限度地保留了自己的空间。

然而这种态度对大多数现在年轻人来说是不能被接受的。如果连性和情都可以外包,那么家庭的意义何在呢?当家庭失去了最后的内涵,只剩一个空壳,还要家庭做什么?对于现在年轻人来说,大多数还没有到达为子女而维持婚姻的阶段,但即便走到那一步,这样的空壳婚姻仍然是不被尊重的,因为它很容易给孩子造成难以磨灭的创伤,这些创伤,将不可避免地影响孩子的成年。

而对那些愿意坚持婚姻的信念,对道德心存敬畏的现在年轻人来说,性和情的需求也是一个现实问题。身居两地,只依靠电话联系,很快就会感到寂寞难耐。往往在最需要对方的爱和关心的时候,而一方却只属于远方,只属于思念,一切似乎都不太真实。埋怨、烦躁、委屈、不安……这些负面情绪若是处理欠妥,很容易发展出心理和生理的疾病。如果再加上一些其他的问题,夫妻间又不能达到及时有效地沟通的话,婚姻怎么可能不出问题呢?

或许你可以试试下面的建议使你的婚姻保持稳定:

＊每天至少交流一次。在石琳的例子中,让她感到不安的正是交流的缺失。的确,他们每天都会通电话,但是杨辉的沉默使电话丧失了交流的功能。

＊尽量不要分开过夜。"周末夫妻"比起"月末夫妻""季末夫妻"更能保持亲密感,或者你可以调整时间,尽量早回家、多回家。

＊重逢的时候，想办法弥补分开的时间。不要忽略那些你不在的日子，它们是你婚姻生活的一部分，是你们共同的经历。当然，对你的伴侣也是如此。

与长相厮守的婚姻相比，分居两地的夫妻可以做的的确太少了。时间是一个铁面无私的"医生"，它可以磨平感情的创伤，同样可以降低你在伴侣心中的分量（如果你的身影在他（她）身边消失了太久的话）。

◎ 将婚姻摆在最重要的位置

如果工作和婚姻发生了冲突，你该选择哪一个？这个问题或许永远没有现成或标准的答案。因为关于工作和婚姻的比较，每个人心里都有不同的考虑，面临的情景也不一样，我们很难从一个选择中判断孰是孰非。

的确有一些现在年轻人，借工作来逃避婚姻，他们选择一份远离家庭的工作，是因为他的婚姻已经亮了红灯很久，他的选择，不过是给失败的婚姻一个结论而已；但也有一些人，拥有美满的婚姻，又遇到一个很好的去外地工作的机会，他们希望在事业上能够有更好的发展，同时又不想让婚姻受到伤害。

同样的选择，前者成功地摆脱了婚姻；后者本着对真爱的憧憬踏上新的工作岗位，却发现牛郎织女的生活远比想象中难熬——婚姻是维持下来了，爱情却淡漠了，夫妻间的亲密感减少了，那么这份工作带来的成功快乐，有多大意义呢？

或许陷入两难选择的现在年轻人应该思考：婚姻与工作在我心中处于什么样的位置？谁更重要一点？如果我放弃了工作，以后还会有其他的机会吗？如果我放弃了婚姻，以后还会有怎样的机会呢？比较起来，大多数人在结婚的时候都抱有斯守终生的目的，却很少有人在上班时产生"在这里过一辈子"的念头。为工作牺牲婚姻，就像为短期利益牺牲长期，这样做值得吗？

工作与婚姻，有时并非鱼与熊掌的关系。对于那些将婚姻摆在最重要位置的现在年轻人，其实可以有很多选择。因为围绕婚姻这个唯一要坚持的目标，现在年轻人面前的道路就会清晰很多。比如在上面的例子中，杨辉选择了回到妻子身边，石琳也放弃了上海的工作，他们因为彼此的选择而互相感激，婚姻更稳固了；另一方面，石琳踏实努力的工作态度得到了上司的认可，很快获得了升职，待遇虽然不及上海的工作，但也是一份意外收获，杨辉也因为前一阶段的基础，事业发展更顺利了。

其实，既然你选择了结婚，就意味着工作已经不被允许伤害婚姻，否则，如果可以分开，又何须结婚呢？现实的确有很多复杂的方面，社会亦缺乏一套完整的保障体系来分担压力，但是现在年轻人或许可以在选择时更多一些清醒的认识，至少可以避免那些不必要的牺牲。

对此，我们列出一个清楚的名单，说明不适合分居的几种情形，协助现在年轻人进行选择和考量：

* 新婚夫妇：过早分居不利于培养夫妻间的亲密感。

* 初为父母的夫妻：不要为了让一方照顾孩子而选择分居，这将对培养孩子的共同责任感不利，也容易造成一方患得患失的心理，影响夫妻感情。

* 存在婚姻危机的夫妻：分居只能促使感情破裂程度加剧。

　　*与老人同住的夫妻：老人的观念相对保守，容易唠叨和怀疑，可能会影响夫妻之间的感情和信任。

　　*平时严重缺乏交流的夫妻：为了避免适得其反的结果，还是不要轻易尝试分居。

　　*猜疑心理过重的夫妻：如果夫妻中一方平时遇事爱反复琢磨，胡思乱想，思想消极，还是别让分居成为引发战争的导火索。

婚恋观 21. 丁克族

丁克，亦即 DINK，是英语 Doubl eincomes no kids 的缩写，直译过来就是有双份的收入而没有孩子的家庭，说白了就是两个人吃饱了全家不饿的一种组合。成为丁克的不是一个人，而是组成一个家庭夫妻两个人，是指一个家庭。

什么是丁克家庭呢？就是不生孩子，只有夫妻的家庭。丁克家庭的成员一般都是工薪阶层，有稳定的收入，消费水平也很高，他们是社会上的中产阶层，这似乎跟美国 20 世纪 60 年代的那些青年颇有些相似。他们中有很多人认为养育孩子是一件非常麻烦的事，会妨碍他们夫妻的生活。

对具有生育能力的夫妇自愿不要孩子，就是我们所说的"丁克家庭"。自上个世纪 80 年代起，它悄悄在中国出现，以前这样的家庭会被别人议论，甚至是被别人怀疑有"生理问题"。而现在，这种家庭已经开始被一些人理解和接受。

坚持"丁克"的想法

当小李向小戴求婚的时候，他答应小戴组成一个"丁克"家庭。起初，小李觉得做丁克没有什么不好的：两个人虽然结婚了，还可以延续学生时代的爱好，攀岩、蹦极、玩滑板，要是有一个孩子，这一切岂不是要打上句号？

然而小李的父母觉得这个想法太荒唐了。他们不停地在小两口的面前敲边鼓，提起抱孙子的事。终于，当小李看到同龄的好朋友抱上了千金，他也开始动摇了。

但是小戴仍然在坚持"丁克"的想法。小李试着跟小戴商量把生育孩子列入家庭计划，小戴坚决不同意，她说自己对生孩子没有兴趣，或者过几年再考虑这个问题。

那就过几年再说吧！小李想，反正两个人也都年轻，即使再过几年也没什么大不了的。为了改变小戴的想法。小李对小戴格外殷勤，在她心情好的时候提到孩子的事情，可是小戴却总是不为所动。她根本就不想要孩子，即便说到将来，她也不说是什么时候。

当小李继续提出这个话题，他发现小戴开始对此避而不谈并且郁郁寡欢。因为害怕怀孕，她连性生活都不愿意过，而且开始偷偷服用长效避孕药。

小李失望极了。他觉得小戴并不想要一个真正的家庭。当等待的时间延长到第三年，小李开始觉得不对劲了，他决定跟小戴好好谈一谈。既然他们这么相爱，为什么不能有一个孩子呢？

"我肯定不会是个好妈妈。"小戴终于说，同时她忍不住掉下了眼泪，"我不会照顾孩子，他们会很可怜的！"原来，小戴的爸爸在她童年时离开了家，小戴一直觉得这是自己的错。她不想让自己的孩子重蹈覆辙。

小李哑口无言。他一直以为自己了解小戴，却没想到小戴还有这样的心结。在这之前，他还以为小戴不想要孩子只是因为贪玩或者保持身材。现在他知道了，原来小戴一直背负的童年的包袱，她把父母的失败婚姻归罪到自己头上，而在这份婚姻中长大的她也失去了当好妈妈的信心。

现在，小李知道自己该往哪个方向努力了。他对小戴更体贴照顾，一段时间以后，小戴终于明白，小李跟自己不负责任的父亲是截然不同的，他可靠、踏实，真心希望跟自己组成一个家。小戴还发现，自己虽然选择了"丁克"，内心也在希望做一个好妈妈。

选择丁克的理由

日前，全国妇联公布了这样一组调查结果：中国年轻的已婚女性中，有四成以上不愿意生育子女，并伴有轻重不同的心理"恐生症"；在家庭模式的选择上，与1997年的同题调查结果相比，选择丁克家庭的人数比例则上升了 1.1%。

丁克概念自上世纪 80 年代流行于欧美，随后风行于我国，有数据说，我国早在上世纪 90 年代末，丁克家庭已经突破了 60 万。

最初的"丁克族"，一般是社会的中产阶层，收入水平比较高，崇尚自由潇洒的生活模式，拒绝柴米油盐的生活。而现在属于新时代年轻人的"丁克族"，情况似乎有了转变。我们不妨看看新时代年轻人选择丁克的理由：

——经济压力太大。社会学家徐安琪曾报告说，在上海市徐汇区，目前抚育一个孩子到成年可能需要 49 万元。新时代年轻人自己的工作还不稳定，孩子出生了怎么会有好的生活？

——影响事业。对新时代女孩而言，社会上过百万的新扎师妹，就算你能力再超群，模样再脱俗，离岗大半年，谁还记得你？对新时代男孩来说，就在你千辛万苦地准备为新项目干通宵，却被妻子一声号令，赶回家给孩子换尿布，这时该怎么办？

——自己还是孩子。新时代年轻人承担了太多的溺爱与放纵，以至于情感依旧停留在青春期，思维静止在儿童期。小孩子怎么可能养育小孩子呢？

——影响夫妻感情。这样的新时代年轻人可谓是"新新人类"的代表，他们有全新的婚恋观、家庭观、生育观，拒绝"第三者"（孩子）插足。"我们忙得要命：旅游、攀岩、摄影……我们有很多的计划，而且乐此不疲。有了孩子，还怎么去实现这些目标？"

——对家庭生活没有信心。如果我们两个人的感情好，能白头偕老，已经是万幸，没必要再奢望孩子。如果我们不幸半途分手，为什么要将成人的失败带给孩子？

——对孩子期望太高。现在的生活压力那么大，孩子以后不幸福怎么办？难道把孩子生下来受罪吗？

　　——怕身材走样。区区 600 多万人口的香港，每年减肥就要减掉脂肪 30000 吨。在一个视卡路里与脂肪为魔鬼的年代，谁还敢怀孕大吃呢？

　　——对生育目的质疑。"防老"未必"养儿"，没有儿女承欢就不能活得充实吗？

　　——妊娠太麻烦、分娩太痛苦、养育太辛苦！

　　……

　　新时代年轻人将丁克概念由另类转为普遍，并不单单是为了追求高品质或另类的生活，更多是因为生孩子这项重大决定让他们心生恐惧。面对生育，新时代年轻人多少有些底气不足。事实上，不管他们是否愿意，随便什么原因就可能让他们进入丁克一族，比如工作的不稳定或者感情的波折都会使他们的结婚年龄推后好几年，而如果没有兢兢业业地为自己的计划生育做准备，新时代年轻人也只能对生育踟躇不前了！

一个真正的家

　　经过两年时间的调整，小戴和小李拥有了他们的小宝宝，一个活泼健康的男孩。

　　当上了妈妈的小戴觉得很高兴，因为她轻轻松松地就完成了角色转换：当别的孕妇因为妊娠反应呕吐不止的时候，她照样吃得香睡得香；当别的产妇出现产后抑郁，对着宝宝哭鼻子的时候，她却因为小生命的到来而容光焕发。也许小戴在孩子的问题上困惑了太久，这个症结一旦解开，整个人都神情气爽起来，心情好了，连很多小毛病都逃之夭夭了！

最重要的是，小戴在怀孕期间做了很多"预备功课"，再加上妈妈几乎全天候陪在她身边，照顾宝宝真是一点都不难。看着宝宝茁壮成长，小戴觉得自己做了一个最正确的选择。

小李也很高兴自己当上了爸爸。他每天一回家就听小戴"报告"——宝宝睡了几小时，吃了多少，吐了几次，还跟小戴一起给宝宝唱歌、洗澡，哄宝宝入睡。起初，他对这个新角色感到很兴奋，经常把宝宝的照片拿到公司炫耀，但是慢慢的，他开始觉得自己被冷落了。

小李下班以后开始不想回家，因为他觉得这个家不再需要他了。以前他还没下班，小戴就会发短信来约好一起回家，路上还会交流这一天过得怎么样，可是现在，小戴的大脑全被宝宝占据了。她不再给他发含情脉脉的短信，也不再跟他讨论工作的话题，就连他们之前的共同兴趣也被她抛到了脑后……简言之，现在小戴的世界里只有宝宝！

小李感到他和小戴之间有了隔阂。现在他还是会主动亲近宝宝，但却对小戴表现冷淡。小戴很快就察觉了这一点，可是她觉得自己很冤枉，因为她的确分身乏术，无暇顾及到小李。小戴还认为，小李已经是成年人了，他可以照顾自己，为什么要吃宝宝的醋呢？难道不是他想要这个宝宝吗？

又过了几个月，事情进一步恶化。小李的父母从家乡赶过来，决定帮儿子"带孩子"。这让小戴觉得很难堪。她不好对公公婆婆的好意说"不"，但是显而易见，公公婆婆从生活习惯到人生价值观都跟自己有很大差异。比如小戴给宝宝剃胎发，公婆却说一百天之内剃发会长病；天气热小戴让给孩子少穿点，公婆却坚持用棉被把宝宝包得严严的，说怕以后长成"X"型或"O"型腿……小戴以前对公婆很尊重，自己能将就的就将就了，可是眼看着精心炮制的科学喂养宝宝计划被公婆的经验主义打乱，她有些沉不住气了。

小戴将自己的顾虑委婉地讲给小李，没想到小李却毫不在意地说："爸妈把我养了这么大，比你有经验"，他不仅不体谅小李的难处，反而指责她不像以前那样善解人意了。当这样的事情不断地发生，小戴和小李终于爆发了激烈的争吵。他们都很难过，不是说宝宝是爱情的结晶吗，为什么却让他们的感情受到破坏了呢？

平衡好父母角色与伴侣的关系

"独独一代"出现在新时代，标志着我们的婚姻之旅进入了新的里程。虽然我们通常都把孩子看作是"爱情的结晶"，但是对于新时代年轻人来说，这个可爱的结晶更像是对年轻夫妻的一场考验。当新时代年轻人还是父母的孩子时，自己却成了孩子的父母；当孩子在他们的怀里大哭不止的时候，他们却要跑回父母的怀里撒娇。无论如何，新的小生命已经降生，新时代年轻人需要重新调整以适应这种变化。

◎跟随妻子进入新的王国

很多人都以为孩子可以修补婚姻的裂痕。然而真相却是：一旦有了孩子，你们需要更努力地维持婚姻关系，因为孩子只会让裂痕更深。选择丁克的新时代年轻人把孩子当成为"第三者"，就是基于同样的道理。

"我们的世界被打扰了！"这句抱怨通常来自新爸爸。在刚才的例子中，小李为自己的新待遇而感到愤愤不平。他为拥有小宝宝而感到欣喜，但他也嫉妒这个幸运的小家伙，因为自从有了他，妈妈就不再理睬爸爸了！小李怀念以前甜蜜的二人时光，怀念那段自由自在的婚姻生活，可是，他的妻子好像把这一切都忘记了！

可是，新妈妈却不这么想。宝宝出生后，小戴感觉到自己的生活意义有了重大的改变，她尽快地转换了新身份，并且把自己所有的精力都投入到这一新身份中。她的投入是无私的，从未有过的，她以为小李也一定跟她一样，虔诚地跟随生活而改变，然而她却发现自己想错了！自己的丈夫，孩子的爸爸，不仅不帮助她，反而还埋怨她对他照顾不周，不再关心他，天知道自己的尽职尽责最后只换来一通埋怨！她该怎样面对这一切？

其实对这个问题的回答很简单，那就是：小李需要认识到，小戴不可能回到以前的生活模式，而他只能跟随妻子进入新的王国。毕竟，生孩子的计划是两个人一致的决定，养育孩子的责任自然也要两个人共同来承担。如果只是小戴单方面的付出，天生的母性可能使她对孩子无怨无悔，但对丈夫就说不定了！若是遇到难以解决的问题——就像与公婆的矛盾——如果丈夫再不帮自己一把，那么小戴难免会对丈夫产生怨气，这种怨气日积月累，怎么会不影响夫妻关系呢？

另一方面，小戴的全力付出反而让小李有被排斥的感觉。他没有孕育孩子的经历，也没有生养的苦痛，面对新生儿，似乎他也帮不上什么忙。他的生活全被这个小家伙打乱了，他与妻子的关系好像名存实亡。他该怎样分担小戴的责任，从而让自己感到再次被纳入家庭系统呢？下面的建议或许对小戴和小李有效：

* 把焦点放在夫妻关系的友好上。

* 经常花点时间单独相处。

* 不要把注意力全部放在孩子身上，留一点给你的伴侣。

* 不要把爸爸从孩子的照顾中排挤出去。

* 给妈妈休息的时间。

* 让爸爸成为孩子的玩伴。

◎孩子，是全家的事

有了孩子以后，新时代年轻人需要调整与其他人的关系。在这其中，与伴侣父母的关系可能会首先提到"议事日程"来。

关于如何处理与伴侣父母的关系，我们已经有专文讲述。之所以在此提到这一点，是因为这一时间段经常会成为家庭矛盾的高发阶段。崇尚独立的80后必须做好这样的心理准备：你的生活里多了一个孩子，这也是全家的事。从此以后，你的生活将变得更透明，你的公婆（岳父母）将更多地参与到你的生活中。特别对于新妈妈来说，如果你的公婆将加入到"育儿工程"中来，你需要避免以下几种行为：

* 过度关爱孩子。因为宝宝是"独独一代"，新妈妈往往觉得

自己的地位提高了，很容易过分张扬母性，以为越关心孩子母性越足，反而在公婆面前不谦虚。

*与公婆交流减少。婆媳同住一个屋檐下，彼此关心的目标全投到孩子身上，双方缺乏交流和照顾，无形中为交流设置了障碍。

*"科学育儿"和经验主义的冲突。新妈妈过于相信科学，忽视老人信奉的经验，很容易因此发生争执。

*转嫁焦虑。新妈妈有事外出，明明自己不放心，却将焦虑转嫁给公婆，千叮咛万嘱咐，使公婆感到不被信任，失去自尊。

在"育儿工程"的矛盾之外，特别对于年轻的新妈妈，恐怕还要处理另外一种矛盾，那就是"被忽略"的矛盾。很多新妈妈都有这样的认识，似乎公婆对她的要求高了，不像刚过门的时候，享受半宾半主的感觉。还有很多新妈妈抱怨说，之前公婆对自己好，是因为下一代，现在孩子出生了，自己反而受到冷落了。这些小妈妈们的心态很奇怪，似乎小宝宝并没有给她们带来多少快乐，反而剥夺了本属于她们的"优先注意"，当人们把目光聚焦在宝宝的身上，妈妈反而觉得不自在了！

这恐怕是新时代年轻人一生中最为奇特的转型期。在这一期间，新时代年轻人既是伴侣，又是父母，还是孩子。当这三种角色复杂的融为一体，这些年轻人很容易会迷失了方向。是哪个角色多一点？它们如何保持和谐？这些年轻人可以做到吗？如果你也像小戴和小李一样，对自己的新位置感到敬畏和迷惑，我们提出如下建议：

不要抱着旧的位置不放。新时代年轻人可能需要一段时间才能和自己的新角色建立连接。但不管怎样，这个巨大的变化是正常的，新时代年轻人必须承认生活的方方面面将会发生变化并做出相应调整。如果新时代年轻人想继续从前的每件事，但同时又添上一个孩子，无疑是让自己频临绝境。别忘了，孩子需要你的关心并且会向你表达需求，别忘了，你现在是一个新爸爸或新妈妈。

把家人（尤其是伴侣的父母）纳入自己的社会支持系统。这就如同让颠簸的小舟驶入平静的大海。大多数情况下，家人的关注是一件好事。特别对于缺乏经验的 80 后新父母来说，让家人分担责任是个绝妙的主意。为什么不呢？家人可以丰富孩子的生活，可以让你们享受到更多独处的时光，甚至，如果你们跟家人有什么过节，孩子或许还可以让你们冰释前嫌。

用开放的心态去面对问题，解决问题。的确，老人的很多养育观念和想法是旧了、过时了，但他们的出发点也是为家庭好，如果新时代年轻人能够这样想，就会抱有一种"调和性"的态度去看待问题，在这样的状况下，很多矛盾就不会升级了。另一方面，解决问题最重要的是拿出尊重，先尝试理解对方，接下来调和矛盾，当大家目标一致、原则肯定，剩下的也就是方法问题了！

婚恋观 22. 婚外情

婚外情（英译：ultra-marriage love）是指已婚者与配偶之外的人发生恋情。婚外恋是违背传统道德观念，违背社会公德的。对个人、家庭和社会都有极大的危害。是一个十分让人头疼的家庭问题，也是一个严重的社会问题。"婚外恋"从字面上它是一场恋爱，但从实质上它不过是一个偷情、偷性的过程，这是由男女性别不同，生理心理不同所带来的必然区别。在婚外两性交往之中，男人往往重性，女人则习惯于重情。

"一夜情" 玩出了感情

朋友们都说，上天对珍颖和大可太眷顾了。小俩口不但外表出色，还都是年轻有为的职业经理人。他们的小家庭，就像时尚杂志里描绘的一样，完美得像一件艺术品。

可是谁也想不到，不知从什么时候起，这件艺术品竟悄悄地出现了裂痕。

那段日子，珍颖的公司接到一个大项目，需要经常出差。大可就经常在公司里吃晚饭。时间一久，他跟一个单身女同事熟悉起来。女孩虽说长得没有珍颖漂亮，但也别有一种气质。

起初，大可和女孩只是朋友，可是随着时间的推移，大可被女孩的温柔体贴吸引了，终于在一个周末，跟女孩发生了关系。女孩表现得很潇洒，她说这不过是一夜情，没有什么大不了的，她不会破坏他的家庭。况且她也知道，他有一个比自己强百倍的妻子。

其实，在女孩之前，大可已经跟很多人发生过"一夜情"，但总是"适可而止"，不投入任何感情，所以能够在珍颖面前隐瞒的天衣无缝。可是这一次，事情有些不太一样了。

首先女孩是大可的同事，每天有很多机会可以单独相处，这很容易使感情升级；其次，女孩对大可是抱有"野心"的，最初其实是她主动接近大可，赢得大可好感的。女孩才不在乎大可有没有结婚，妻子怎么才貌双全，她认定这个仪表堂堂的上司的家庭并没有传说中的那么美满，否则他怎么会经常躲在公司吃泡面呢？珍颖不过是个不懂得温情的女强人罢了！

女孩猜的似乎有一定的道理。大可也觉得，自己的妻子虽然各方面都很出色，但似乎少点什么。是什么呢？直到大可陷入女孩的柔情蜜意，他才明白，自己的妻子原来很少做这些，而这正是他想要的。

随后的半年里，大可跟女同事打得火热。一开始他非常内疚，但这种内疚随着珍颖出差次数的增多、时间的增长而渐渐消退了。大可不断地安慰自己，他觉得以前的一夜情都没有让珍颖发现，这次一样能瞒天过海。再说，珍颖不在的这段时间，他总可以找段感情来填补空缺吧？

一群被宠坏了的孩子

在新时代，多元选择和理性思考被强调，"人道"与"宽容"成为当下的关键词。其中一个表现就是：在两情相悦、两厢情愿的境况下，即使没有一纸婚书，男欢女爱也被认为是个人选择，而不被纳入道德沦丧的范畴。但是，无论如何，这其中也有基本的原则，那就是其中的任何一方，都不应该有婚姻的关系，也就是说，即使在新时代，婚外情也是不被大众所认可的。

关于婚外情，人们往往在第一时间怪罪于第三者，称他们为"狐狸精"；然而颇有意味的是，人们还用一句看似粗鄙却含义深刻的话道出了婚外情的本质，那就是："苍蝇不叮无缝的蛋"。也就是说，即使没有"狐狸精"或"小白脸"的出现，这个家庭也未必能够永远幸福美满下去。因为它本身已经有了裂痕，就像大可和珍颖的婚姻，即使没有那个有预谋的女孩出现，大可还不是一样频频出轨吗？

在大众的印象里，新时代年轻人对于婚外情比任何年代都看得开，他们可以发生一夜情，却可以在事毕"挥挥手，不带走一片云彩"；他们可以展开另一段感情，却海誓山盟地对婚姻的伴侣说，"我爱的只有你一个。"这样的理直气壮和玩世不恭，也实在叫人"叹服"！然而这么说，对绝大多数新时代男女无疑是不公平的。在此，我们的讨论仅指向那些屡次跨出围城寻找第三者的新时代年轻人——他们是一群被宠坏的孩子。

这群孩子，即便像大可那样，已经拥有了高学历和成功的事业，他们的心智也未曾成熟。他们生理的能力有了，经济上也可以独立生活，但是却没有足够的心理能力来应付婚姻生活。为什么这么说呢？因为这样的人潜意识里有一个信念，就是在婚恋时去寻找"父母"，他们会把婚恋的对象当作自己的"父母"，因为对方没有达到这个要求（实际上也不可能达到），他们就会失望，去寻找另外一个人做他的"父母"。

我们都知道，孩子与父母的关系有一个特点，那就是无需遵守一般人与人之间相处的法则，比如公平合理。孩子可以说话不算、不负责任、不信守承诺。玩具撒了一地，有妈妈来收拾；拿了蛋糕就走，有爸爸来付账。这样的"孩子"，即使已经迈入了婚姻，也不懂得承担婚姻的责任。不仅如此，这群孩子还千方百计证明自己有力量：做了坏事没被发现——如同瞒着伴侣去寻求一夜情的刺激；证明自己比父母更棒，不需要父母——如同频繁的换伴侣，或者批评伴侣。然而无论如何，他们的内心深处都不能没有父母，因为他们找到的所有伴侣最终都会让他们失望，所以他们就会一直找下去，而且还不断地怨天尤人。

正是这些大人身儿童心的新时代年轻人，他们前卫大胆、追逐潮流，却缺乏责任感和承受力；他们追求自由和享受，却不能解决由此而带来的激烈冲突和严重后果；他们张扬个性，"未婚但享有已婚的生活"、"已婚却保持未婚的状态"……听起来很有个性的生活方式，却像是一枚枚重型炸弹，投向原本已经脆弱的婚恋；他们总是在追求完美的生活，他们的现状却日益沦落……

背叛后的家庭

对珍颖来说，家原本是她赖以休息的港湾，可是自从得知大可的背叛，她才明白，这个看似平静的港湾原来暗流汹涌。

事情源于一个周末。那一天，珍颖刚刚出差回来，正在家里打扫卫生料理家务。突然电话铃声响起，她拿起听筒，里面传来一个不客气的女声，要找大可。

平时找大可的电话很多，无论是男女老少生人熟人，珍颖都是很有礼貌地应两句就把话筒转给大可，她再继续忙乎自己的事情去。可是今天，珍颖搁下电话，总觉得对方的语气很奇怪，是口气生硬呢，还是太不礼貌？总之她觉得有些不太对劲。

更让她觉得不对劲的是大可的行为。大可接了电话，说了两句，就匆匆取过外套要出门。"去哪里？"珍颖不由得问。

"公司的一个同事出了点事，我去看看。"与珍颖四目相对，大可的表情很不自然。

大可一阵风似地出门了。这时手机短信铃声响起，珍颖才发现他忘了带手机。这太奇怪了，大可一直都是手机不离身的，今天是怎么了？她下意识地翻看了新信息——以前她从来没有这样做过——短信上写着："大可：我想过了，我要把孩子留下来。"
珍颖起初以为这是一条骚扰短信，但旋即她就被另外一种感觉否
定了。她觉得这条信息有点问题，是什么问题呢？珍颖照着短信
后面的电话号码拨过去，电话里传来的正是刚才那个霸道的女声。

在电话中，对方毫不客气地告诉珍颖，她跟大可可不是一夜
情这么简单，她已经跟大可住在一起，并且怀了大可的孩子，她
要把孩子留下来，跟大可结婚。她还理直气壮地批判珍颖，说珍
颖不懂得照顾丈夫，为了工作连孩子都不要，根本没有做妻子的
资格……

珍颖一阵头晕目眩，她感到了前所未有的惊恐和绝望。她不
记得自己是怎么坐到沙发上，又是怎么被大可扶到了床上，第二
天，她错过了一个很重要的会议……大可也没有去上班，他们在
家待了整整一天。

大可没有回避问题，该承认的都承认了。他祈求珍颖的原谅，
表示一定会痛改前非。他还辩解说他心里只爱珍颖一个人，其他
的不过是"露水情缘"罢了……

珍颖经历了平生第一次也是最大的一次痛苦和劫难，她渐渐
恢复了理智。但是，一想到曾经美好的一切都不过是个谎言，她
就感觉到一阵发冷。这个家还可以维持下去吗？一向聪敏的她，
在事业上指挥如意的她，突然觉得自己像个无辜迷路的小孩子，
不知道该何去何从。

不要急于分离收场

爱情是新时代婚姻的主题，但是因为相爱而走入婚姻的新时代年轻人，很容易对自己的婚姻过于信任，他们最喜欢说的一句话就是："谁的婚姻出了问题，我们的婚姻也不会，因为我最了解我的伴侣。"但事实有时与他们的预期相违背，往往在遭遇了沉重的打击之后他们才幡然醒悟，原来婚姻并不像他们想象的那般牢不可破。

这并不奇怪。新时代的婚姻虽然给爱情增加了更多分值，同时人与人之间保持距离的心态也更为明显。

虽然我们也不赞同那些时时刻刻提防伴侣、生怕对方对自己不忠，以致做出过激行为的做法，但很多时候，对于婚姻保持适当的危机感的确有助于更好的经营婚姻，这跟"生于忧患，死于安乐"的道理是一样的。无论如何，当婚姻被破坏已成事实，或许你首先要做的，是检查自己的婚姻，看看有没有什么办法可以改良，而不是匆匆忙忙地以分离收场。

◎不要把问题全都推到第三者头上

对于婚姻出现了第三者，人们有很多误区，一个误区就是我们刚才谈到的，把问题全都推到那个第三者的头上。诚然，在大可的例子中，第三者的确是抱有企图、主动出击的，但是大可并没有对她的争取加以抗拒，反而乐在其中。另一方面，珍颖也曾遇到很多男性的示好，为什么她却没有出轨呢？可见，出现诱惑并不意外，然而这不过是外因，起决定作用的只能是事物的内因，那么这内因是什么呢？这一点我们稍候讲述。

第二个误区是，人们会指着不忠行为说："这就是问题本身。"似乎出轨的一方收了心，与第三者斩断情思，被伤害的一方原谅了对方，就万事大吉，这份婚姻又可以朝着幸福的方向行驶了。然而经常出现这样的情况：往往在风平浪静了一段时间之后，出轨的一方不再信守自己的诺言，又发生了类似的事情。这样一来，婚姻中已经摇摇欲坠的信任也就很难再继续支撑下去了。

第三个误区——特别在类似大可的情况下，人们会产生这种想法：从生理上看，男人不适合婚姻。恐怕这也是大可们为自己找出的"最合理"的理由。他们辩解说，自然竞争的规律是男性希望拥有尽可能多的后代，因此，他们与任何配偶一起生活都是暂时的，也就是说，男人天生以追逐女人为乐，根本不适合一夫一妻的生活。然而美国婚姻家庭问题专家戈特曼博士研究说，婚外情的发生并非取决于性别，而更多取决于婚外情发生的机会。事实上，现在很多女性都从事社会工作，女性出现婚外情的机率的确也随之增多。就像我们的例子中那位第三者，既然她不顾及对方的家庭而一意孤行，谁又能肯定，等到她结婚以后，会对自己的婚姻负责任呢？

由此我们必须提到"第三者事件"的根本原因——也就是内因，是什么让婚姻中的一方无视婚姻的责任与义务，而频频出轨呢？在本节的前半部分，我们已经谈到，很多发生婚外情的新时代年轻人心智还没有完全成熟，他们不懂得去承担婚姻中的权利和义务，只知道按照自己的需要无所顾忌地行事，不过，我们也不能排除这样一种可能，那就是他们的婚姻之前已经是"问题婚姻"，虽然过错更多在出轨者，但是"受害者"也未必不需要承担一定的责任。简言之，不忠其实是婚姻出现问题的征兆，如果不发现并解决婚姻中潜藏的问题，再多的争吵与怨恨也是于事无补的！

◎明白双方都有责任

当对方发生了不忠的行为，并且表示要痛改前非，一方很可能会表现出"我没有错，但我原谅你"的态度，事实上，正如我们刚才提到的，婚姻问题中往往两个人都有责任，单纯以一方的忏悔和另一方的原谅并不能解决问题。这样一来，被伤害的一方未必能打开自己的心结，而出轨的一方也未必能吸取教训，真正让自己成长。

好吧，让我们借助大可和珍颖的例子来进一步分析。大可的出轨并不是第一次，那么，他出轨的原因何在呢？我们不妨先看看男人出轨的三种类型：

*第一种类型的丈夫，不能把所有的爱给一个女人，也就是所谓的"花心"。可是因为清楚地认识到自己身上的责任，他的婚外情最多是保持一种暧昧状态。

*第二种类型是为了寻求补偿。他认为妻子缺少了一些东西，不能实现他对情爱的幻想，于是他就会发展婚外情，但是他的婚外情一般都是蜻蜓点水，一旦实现了马上又会回到原来的婚姻中。

*第三种类型的指向是破坏婚姻。他潜意识里希望伴侣因此而

愤怒，从而使他们的关系越走越远。

很明显，大可的出轨属于第二种类型。这说明什么呢？一方面，大可自己有不成熟的方面，就像我们刚才提到的，他为自己出轨找到了很多借口：珍颖不够体贴，不能很好地照顾自己，不能时刻陪伴在他身边——这与那些在婚姻里寻找父母的孩子有什么区别呢？孩子总是认为，父母应该是无微不至、任劳任怨的，当他把对伴侣要求跟妈妈等同起来，也就无怪乎要埋怨她对自己不够好了！

但是另一方面，珍颖作为妻子，也的确有不完善的地方。她把自己的大部分精力都奉献给了工作，尤其在公司承担了那项重要项目之后，更是频繁地出差，鲜少留在家里陪伴丈夫。她的确是个很出色的女孩，可是丈夫却觉得她少了些什么，而缺少的部分恰恰是丈夫非常想要的！这种缺憾使大可在心头上积累了一种不好的感觉——珍颖非常优秀，却离自己太远，妻子的味道很弱——所以他才想在婚姻之外找一个能够弥补这一点的女人，当女同事投其所好，也难怪他要沉迷其中了！

在大可与珍颖的婚姻中，如果两人明白双方都有责任，同时又都深爱对方，经过坦诚的讨论，加上两人愿意改变之前的相处模式，他们的婚姻自然是可以挽救的，很可能他们关系反而比以前更好。换一种可能，如果大可只是表面认错，珍颖只是表面原谅，两人之间欠缺很好的沟通，也都没有认识到根本问题所在，那么可以想象，这份婚姻即使当时没有破裂，也不会维持太久了！

不忠行为传递出响亮而又清楚的信号，但这并不意味着你们的婚姻已经走到了尽头。换言之，很多看似平静的婚姻，也可能隐藏着一方出轨的可能，如果新时代年轻人愿意通过婚姻得到自己想要的幸福，不妨经常花些时间对婚姻做个小检查——检查的关键程序是有效的沟通和自我改进，以及留出时间与另一半共享欢乐——如果你们的婚姻结实而又健康，何用担心那些不忠行为会侵入你们的生活呢？